Cynnwys

Cwlwr
Celtaidd

*Casgliad o Weddïau Celtaidd
Hen a Newydd*

Casglwyd gan
Huw John Hughes

CYHOEDDIADAU'R
GAIR

© Cwlwm Celtaidd 2018
Casglwyd a golygwyd gan Huw John Hughes
ⓟ Cyhoeddiadau'r Gair 2018

Golygydd Iaith: Mair Jones Parry
Golygydd Cyffredinol: Aled Davies
Clawr: Rhys Llwyd

Argraffwyd ym Mhrydain

Dymuna'r cyhoeddwyr gydnabod cymorth
Adran Grantiau Cyngor Llyfrau Cymru.

Diolch i Gymdeithas y Beibl am bob cydweithrediad
wrth ddyfynnu o'r Beibl Cymraeg Newydd Diwygiedig.

Cyhoeddwyd gan
Cyhoeddiadau'r Gair, Cyngor Ysgolion Sul Cymru,
Ael y Bryn, Chwilog, Pwllheli, Gwynedd LL53 6SH.
www.ysgolsul.com

Cyflwyniad

Mae fy nghysylltiad cyntaf â'r traddodiad Celtaidd yn mynd yn ôl i ganol chwedegau'r ugeinfed ganrif a hynny i le penodol – Ynys Enlli. Cafodd criw ohonom, yn ein harddegau hwyr, y profiad o gyd-fyw a chydweithio â mynaich Sant Ffransis o dan arweiniad abad o Gymro, y Tad Silyn. Dylanwadodd naws yr Ynys yn drwm arnaf ac i raddau helaeth y pryd hwnnw roedd bywyd y fynachlog yn apelio ataf. Diflannodd hwnnw'n ebrwydd ond arhosodd sancteiddrwydd, prydferthwch a rhin yr Ynys. Yn wir y mae fy nghariad at ynysoedd yn parhau. Bellach rwyf wedi byw ar ynys a hynny am bron i ddeugain mlynedd ac ar ynysoedd y byddaf yn mwynhau treulio fy ngwyliau.

Mae'r ail gysylltiad wedi cydio ynof wrth astudio hanes crefydd yn ystod y ddeunawfed a'r bedwaredd ganrif ar bymtheg yng Nghymru. Ar gyfer gwaith ymchwil penodol bu'n rhaid i mi astudio llenyddiaeth yr Ysgol Sul sef y Beibl, traethodau crefyddol, catecismau ac emynau. Cefais fy nghyfareddu o'r newydd, er i mi eu hastudio yn ystod dyddiau coleg, gan emynau Pantycelyn. Ac wrth i mi baratoi'r cyflwyniad hwn, ar y diwrnod hwn (11 Chwefror) rydym yn dathlu tri chan mlwyddiant geni'r Pêr Ganiedydd. Sylwais gymaint o gyfeiriadau sydd yn ei emynau at fywyd fel taith, 'Pererin wyf mewn anial dir', 'Tyred, Iesu, i'r anialwch, at bechadur gwael ei lun' a 'Chwi bererinion glân, sy'n mynd tua'r Ganaan wlad', dim ond i enwi rhai. Iddo ef taith yw bywyd ac mae'n dehongli hyn yn feistrolgar yn ei emyn enwog 'Arglwydd, arwain drwy'r anialwch' sy'n crynhoi hanes y genedl ar y daith o gaethiwed yr Aifft i ryddid Gwlad yr Addewid.

Mae A. M. Allchin yn ei gyfrol *Resurrection's Children* yn cymharu geiriau'r emyn â hanes y genedl a geir yn llyfr Exodus. Cyfeirir at y 'golofn dân' yn y nos a'r 'golofn niwl' yn ystod oriau'r dydd ac at y mannau geirwon ar y daith; yna daw'r cyfeiriad at y manna, sef y bwyd oedd yn eu cynnal ar y daith. Mae'r ffynhonnau o ddyfroedd melys yn dilyn y genedl drwy'r anialwch ac fel y dywed Paul yn ei lythyr at y Corinthiaid, '... yr oeddent yn yfed o'r graig ysbrydol oedd yn eu dilyn. A Christ oedd y graig honno.' (1 Cor. 10: 4) Mae Pantycelyn yn dehongli'r daith yng ngoleuni'r weledigaeth Gristnogol sy'n canolbwyntio ar Grist ei hun. Mae dŵr sy'n tarddu o'r graig yn dod yn ei dro yn symbol o'r dŵr a darddodd o ystlys Iesu ar y groes. Ni ellir ond cytuno â'r Prifathro R. Tudur Jones yn y gyfrol *An Introduction to Celtic Christianity* pan ddywed fod ysbrydolrwydd Efengylaidd y ddeunawfed a'r bedwaredd ganrif ar bymtheg yn adleisio'r hen draddodiad Celtaidd. Mae eu disgyblaeth ysbrydol, gymunedol yn ogystal â'u pregethu crwydrol a chynhesrwydd eu hymgysegriad i wasanaethu Duw yn adlewyrchu brwdfrydedd y seintiau cynnar oedd yn teithio gyda'r fath egni rhwng Iwerddon, yr Alban, Cernyw, Llydaw a Chymru.

Mae stori'r Beibl, stori'r gorffennol, yn dod yn ei thro yn stori'r presennol a'r dyfodol. Hon yw ein stori ni heddiw. Dyma'n taith, nid yn unig yng nghwmni eraill, ond hefyd mae'n daith mae'n rhaid i ni ei theithio ar ein pen ein hunain. Er bod y gwreiddiau'n mynd â ni ddwy fil a mwy o flynyddoedd yn ôl, mae'r daith yn cael ei hadnewyddu a'i hail-greu ym mhob oes nid yn unig ymhlith Cristnogion ond hefyd yr Iddewon wrth iddynt ddathlu'r Pasg. Er ein bod yn teimlo, fel mae'r emynydd yn crynhoi yn y pennill cyntaf, 'nad oes ynof nerth na bywyd' eto i gyd y mae'r grymusterau ysbrydol yn ein cynnal a'n harwain. Taith anorffenedig yw hon. Ei cherdded sy'n bwysig ac ar y ffordd fe agorir llwybrau a phrofiadau newydd i ni. Ar y daith hon y mae darganfod Duw. Nid oes terfynau i'r daith. Duw sy'n cymryd y cam cyntaf ac yn ein galw i fentro ymlaen yn ei gwmni. Cawn ein hatgoffa o arwyddocâd hyn mewn hanesyn o'r nawfed ganrif am dri Gwyddel yn drifftio ar draws y môr o Iwerddon mewn cwryglau heb rwyfau. Ymhen wythnos daethant i'r lan ar draethau Cernyw a chael eu harwain ar eu hunion i wynebu'r Brenin Alffred. Pan ofynnwyd iddynt beth oedd hanes eu taith eu hateb oedd, 'Roeddem ar bererindod yn enw Duw, a doedden ni ddim yn poeni beth fyddai pen y daith.' Ein rhan ni yn y fenter yw ymateb a cherdded ymlaen yn ei gwmni. Ar y daith y mae darganfod pwrpas Duw ar ein cyfer. Ond nid yw'r traddodiad Celtaidd am adael i ni anghofio y gall y daith fod yn un drafferthus, gostus ac ingol. Nid yw bob amser yn dilyn y patrwm sy'n unol â'n dyheadau ni. Fel y dywedodd Dag Hammarskjöld, 'Y daith hwyaf yw'r daith fewnol.'

Gan mai pobl ar daith oedd y Cristnogion Celtaidd mae'n rhaid dod i'r afael â'r cwestiwn a oedd Eglwys Geltaidd yn bodoli yn y mileniwm cyntaf? Os ydym yn dehongli eglwys fel un corff unedig drwy'r gwledydd Celtaidd a hynny'n annibynnol ar Rufain yna nid oedd y fath beth yn bodoli. Eto ni ellir gwadu bodolaeth 'eglwysi' ar hyd a lled y gwledydd Celtaidd ond nid oeddent yn unffurf o bell ffordd. Ni ellir cymharu'r 'eglwysi' yn Iwerddon a Chymru er enghraifft ac yng Nghymru ei hun nid oedd unffurfiaeth rhwng yr 'eglwysi' yn y de-ddwyrain oedd wedi dod, i raddau helaeth, o dan ddylanwad yr ymerodraeth Rufeinig a'r 'eglwysi' yn y gogledd a'r gorllewin. Gwell, felly, fyddai cyfeirio at 'eglwysi' Celtaidd yn hytrach nag Eglwys Geltaidd neu gyfeirio'n benodol at Gristnogion Celtaidd.

Yn codi o'r cwestiwn hwn ynglŷn ag eglwysi Celtaidd cyfyd y cwestiwn a oedd Cristnogaeth Celtaidd yn bodoli? Yn y gyfrol hon ceisiwn ddadansoddi cynnwys a naws y ffydd ac rwyf wedi gwneud hynny trwy ddosbarthu'r gweddïau dan wahanol benawdau a themâu. Mae'r pwyslais yn yr adran gyntaf ar y Drindod, Y Tri yn Un a'r Un yn Dri:

> Dyrchaf i Dri:
> Y Drindod yn Dduw
> Sydd yn Un a Thri,
> Yn undod ag un nerth.
>
> *Llyfr Du Caerfyrddin*

Ym marn yr Athro R. Geraint Gruffydd cerddi mynaich yw nifer o gerddi *Llyfr Du Caerfyrddin*, llawysgrif oedd wedi ei chopïo yn un o'r tai Sistersaidd, o bosibl yn yr Hendy Gwyn ar Daf.

Meddai Padrig, nawdd sant Iwerddon, sydd a'i waith ymysg llenyddiaeth Gristnogol gynharaf gwledydd Prydain:

> Rhwymaf amdanaf fy hun yr enw,
> Enw cryf y Drindod,
> A greodd greadigaeth gyfan;
> Y Tad, yr Ysbryd, y Gair Tragwyddol.

Mae'r gweddïau Celtaidd yn ein harwain hefyd i ganmol a gwerthfawrogi'r greadigaeth a'r Creawdwr fel y gwelwn yng nghwpled olaf Padrig. Rhoddir y pwyslais ar werthfawrogi a pharchu'r byd o'n cwmpas a dyrchafu pob creadur byw gan fynnu fod lle iddynt gyd-fyw â dynolryw. Dotio at y prydferthwch mae'r geiriau hyn o *Lyfr Taliesin*:

> Peth hyfryd yw mis Mai – ei gogau ac eos;
> Peth hyfryd arall yw pan fydd y tywydd yn fwynach.

> Peth hyfryd yw'r blodau ar frig coed y berllan;
> Peth hyfryd arall yw cymod â'r Creawdwr.

Mae'r llawenydd drwy'r darn yn amlygu ei hun a chyfyd y llawenydd hwn o gymod â Duw. Trwy'r cymod bydd y byd yn edrych yn wahanol ac yn brydferthach wedyn.

Gan fod y Cristnogion Celtaidd yn byw yn agos at natur roedd trefn y dyddiau a'r tymhorau'n allweddol iddynt. Yr haul oedd yn penderfynu trefn dydd a nos meddai Ffransis o Assisi:

> Moliannus fyddo fy Arglwydd Dduw am ei holl greaduriaid,
> yn enwedig am ein brawd, yr haul,
> sy'n dwyn y dydd atom, a phob goleuni;
> prydferth yw ef,
> yn disgleirio'n ysblennydd iawn;
> mae'n dy arddangos di i ni O Dduw!

Yr haul hefyd sy'n gyfrifol am rod y tymhorau ac roedd y bobl bryd hynny yn dibynnu cryn lawer ar gynhaliaeth y pedwar tymor:

> Molwch Dduw am yr holl dymhorau,
> Molwch ef am y gwanwyn mwyn,
> Molwch yr Arglwydd am haf bendigedig,
> Adar ac anifeiliaid a phob dim.
> Molwch yr Arglwydd, sy'n anfon y cynhaeaf,
> Molwch ef am eira'r gaeaf,
> Molwch yr Arglwydd, bawb sy'n ei garu ef.

Peth hyfryd yw'r ffrwythau adeg cynhaeaf,
Peth hyfryd yw haf a hirddydd llonydd,
Peth hyfryd yw'r blodau ar frig coed y berllan;
Peth hyfryd arall yw morfa i wartheg,
Peth hyfryd yw'r pysgodyn yn ei lyn teg;

Yn y gweddïau Celtaidd cynnar roedd cryn bwyslais ar y cyferbynnu rhwng nodweddion y gwahanol dymhorau:

Saint y gwanwyn gorfoleddus.
Saint sychder yr haf.
Saint prydferthwch yr hydref.
Saint gerwinder y gaeaf.

Ynghlwm wrth drefn y tymhorau roedd y gwyliau crefyddol yn torri ar draws yr undonedd ac yn creu y patrwm litwrgaidd gan gysylltu'r tymhorau â'r gwyliau Cristnogol. Mae'r patrwm litwrgaidd yn creu bywyd disgybledig, ailadroddus a hynod o drefnus, ond yn fwy na dim yn atgoffa'r addolwyr o'r pinaclau yng ngweinidogaeth Iesu Grist.

Ni ellir anwybyddu'r ffaith fod y Cristnogion Celtaidd yn ymwybodol o boen a dioddefaint bywyd ac ymwybyddiaeth o bechod. Ond yr hyn a ddaw yn amlwg yng ngweddïau'r Cristnogion hyn yw nad oeddent yn teimlo eu bod o hyd o dan farn na'u bod yn ddigon da. Mae'n rhaid cyfaddef fod galar a dagrau yn amlwg iawn yn y gweddïau ond nid galar hunandosturiol yw hwn. Nid yw'r ymdeimlad o euogrwydd yn amlygu'i hun yn y gweddïau hyn. Eithr mae'r galar a'r dagrau yn cyfleu tristwch personol sy'n arwain at y penderfyniad i 'newid'. Yn wir mae ambell weddi yn gofyn am 'y rhodd o ddagrau' i lanhau a phuro.

Rho i mi ddagrau, O Arglwydd, fel y gallaf ddileu fy mhechodau.
Rho i mi ddagrau wrth godi yn y bore ac wrth noswylio.
Rho ddagrau i wlychu fy ngobennydd.
Am fy nghasineb, fy nghenfigen, fy malchder,
am weithred annoeth o'm heiddo,
anfon ddagrau i'm puro,

ffynnon o ddagrau,
llifeiriant o ddagrau.

Hefyd amlygir elfen arall sy'n dangos nad yw'r unigolyn yn dioddef ar ei ben ei hun. Mae Duw yn bresennol yn y dioddefaint:

Ble wyt ti, Dduw?
Ble wyt ti;
ond yma
yn fy nghlwyfau
sy hefyd yn glwyfau i ti?

Yng nghwmni cariad a maddeuant Duw mae'r gweddïwr Celtaidd yn edrych yn bryderus ar ei gyflwr ei hun, ei fethiannau a'i bryderon ac yn sylweddoli na all feio neb ond ef ei hun am ei bechodau. Sylweddola fod cariad a gras Duw yn ei gymell i dyfu allan ohono'i hun ac i fynd ymlaen i ymateb i'r cariad hwnnw. Mae'r galon wedi'i thrywanu â saeth o gariad ac mae'n rhaid ymateb i'r grym hwnnw. Dyma'r grym mewnol lle mae'r unigolyn yn cefnu ar bechod, ar y farwolaeth fewnol, marw i'r hunan ac ymagor i fywyd newydd a gweledigaeth newydd. Mae'r edifeirwch yn ei dro yn creu bywyd o lawenydd. Dyma'r edifeirwch sy'n rhyddhau ac yn bywiocáu.

Fel y gwelwch, gweddïau byrion yw'r mwyafrif o'r rhain. I'r Cristnogion Celtaidd cynnar roedd gweddi, gwaith a gorchwyl yn mynd law yn llaw. Ynghanol prysurdeb bywyd roedd cyfle i weddïo ac i droi at Dduw. Roedden nhw'n ymwybodol o bresenoldeb y Drindod ynghanol prysurdeb bywyd beunyddiol. Roedd pob gorchwyl yn cael ei gyflawni yng nghyswllt gweddi fel y wraig honno'n gweddïo wrth odro:

Bendithia, O Dduw, fy muwch,
O Dduw, bendithia fy ngwaith.
Bendithia'r bartneriaeth
ynghyd â'm dwylo i odro, O Dduw.

Bendithia, O Dduw, bob teth,
Bendithia, O Dduw, bob bys,
Bendithia, O Dduw, bob diferyn
sy'n mynd i mewn i'r piser.

Mae oddeutu 550 o weddïau yn y gyfrol hon, gweddïau y gallwch eu defnyddio ar unrhyw adeg o'r dydd ac ar unrhyw amgylchiad. Gellir eu defnyddio mewn addoliad cyhoeddus neu ym mhrysurdeb beunyddiol bywyd unigol. Ac wrth weddïo gallwch blymio i ddyfnderoedd nad oeddech wedi eu hamgyffred a mynd tu hwnt i'r gorwel nad yw'n darfod.

Ymunwch efo ni ar ein pererindod.
Cerddwn ymlaen efo'n gilydd
ar hyd llwybrau cyfarwydd
a'r rhai anhygyrch ac anghyfarwydd;
ar hyd llwybrau newydd,
ar ymylon ffydd;
croesi ffiniau newydd,
a chroesi arfordiroedd
tu hwnt i'n dychymyg.
Mentrwn. Chwiliwn. Arbrofwn. Llawenhawn.
Dowch a rhannwch eich profiadau,
eich llawenydd a'ch gofidiau.
Os ydi'ch gweddïau wedi mynd yn hesb,
eich Duw yn rhy fach,
eich gweledigaeth yn rhy gyfyng,
dewch, teithiwch ar hyd y llwybrau newydd,
i brofiadau newydd.
Bydded i fywyd fod yn anturiaeth.
Gwnewch eich rhan.
Dowch, darganfyddwch eich hunan,
y lleoedd dirgel,
y lleoedd anhysbys.
Efo'n gilydd.
Mi awn yn gwmni i'n gilydd a Duw yn arweinydd.

Huw John Hughes

Rhagarweiniad

Cyn mynd ati i gynnwys y gweddïau mae gofyn i ni, i ddechrau, ddod i'r afael a chodi sawl cwestiwn cefndirol fel rhagymadrodd i'r gyfrol. Dechreuwn gyda chwestiwn syml ond anodd ei ateb:

Pwy oedd y Celtiaid?

Ceir yr olion cynharaf o'u bodolaeth yng Nghanolbarth Ewrop, yn ne'r Almaen, o gwmpas ardal y Rhein ganol a rhan uchaf yr afon Donaw (Danube). O'r tarddle hwn y dechreusant ymledu. Gelwir y cyfnod cynharaf hwn o'u bodolaeth, o tua'r nawfed ganrif CC ymlaen, yn gyfnod y diwylliant Hallstatt sef pentref heb fod ymhell o Salzburg yn Awstria. Dyma brif ddiwylliant canolbarth Ewrop yn y canrifoedd o gwmpas 700 CC. Dechreuodd Johann Ramsauer gloddio yn yr ardal hon yn y flwyddyn 1843 a bu wrthi am ugain mlynedd. Dadorchuddiodd feddau ac ynddynt wrthrychau yn dyddio o'r wythfed i'r bumed ganrif CC. Yn sgil y cloddio yn nwyrain Ffrainc o'r flwyddyn 1865 ymlaen daethpwyd o hyd i wrthrychau nid annhebyg i'r rhai yn Hallstatt a daethpwyd i'r canlyniad bod y diwylliant Celtaidd Hallstatt wedi lledaenu dros rannau helaeth o ganol a gorllewin Ewrop yng nghanrifoedd cynnar Yr Oes Haearn. Cyrhaeddodd rhywfaint o gynnyrch i Gymru fel y pinnau pres a ddarganfuwyd yng nghaerau Dinorben a Breiddin. Ond prin iawn yw'r wybodaeth a'r cyfeiriadau hanesyddol amdanynt yn y cyfnod hwn. Tua'r bumed ganrif y ceir y cyfeiriadau hanesyddol cynharaf. Lledaenodd eu diwylliant i orllewin a de-orllewin Ewrop ac i wareiddiadau glannau Môr y Canoldir. Erbyn hyn roedd y dull o drin y metel wedi newid a'r enw a roddwyd ar y dull newydd hwn yw La Tène, a enwyd ar ôl pentref ar lannau Llyn Neuchâtel yn y Swistir. Nodweddwyd y cyfnod a'r arddull hwn mewn symbol a phatrwm a cheir awgrym o'r dwyfol yn eu gwaith. Dyma'r arddull gelfyddydol a ddisgrifir fel un nodweddiadol Geltaidd. Ymhlith y darnau cynharaf o waith La Tène yng Nghymru y mae'r bowlen grog o Gerrigydrudion, tlws Merthyr Mawr a breichled Coygan. O Lyn Cerrig Bach, yng ngogledd-orllewin Môn, y daw hanner yr enghreifftiau o waith

12

La Tène a chyfran helaeth o'r arteffactau yn ymwneud â marchogaeth.

O gwmpas 400 CC ymledodd y Celtiaid i'r Eidal a chyrraedd Rhufain yn 387 CC. Erbyn 279 CC roeddent wedi cyrraedd gwlad Groeg gan wneud difrod mawr i adeiladau cysegredig. Hwy oedd y Galati ac fe groesodd tri llwyth i Asia Leiaf. Anfonodd Paul ei Lythyr at y Galatiaid a hynny naill ai yn y blynyddoedd OC 48–49 neu OC 56. Tua'r gorllewin daethant i Ffrainc, Prydain ac Iwerddon. Erbyn y drydedd ganrif CC. ymestynnai'r Celtiaid o Iwerddon, ar draws Ewrop ac i Asia Leiaf. Dyma benllanw eu hymlediad ac o hynny ymlaen dirywio fu eu hanes. Erbyn hynny roedd y Germaniaid yn ymosod arnynt o'r gogledd, y Daciaid o'r dwyrain a'r Rhufeiniaid o'r de. O'r cyfnod hwn ymlaen fe'u cysylltir yn bennaf â Gâl (sef Ffrainc), Gwlad Belg, rhannau o'r Iseldiroedd, yr Almaen a'r Swistir, Prydain ac Iwerddon.

Ni fuont erioed yn ymerodraeth â grym fel yr Ymerodraeth Rufeinig. Nifer sylweddol o lwythau oeddent gyda rhywfaint o gymysgu rhyngddynt ar brydiau, a thro arall ymlid a brwydro oedd eu hanes. Troes iaith y Celtiaid cynharaf dros y canrifoedd yn amryw o ieithoedd ac, wrth i'r llwythau ymbellhau oddi wrth ei gilydd, yn raddol newidiodd yr iaith. Fe wahanodd y fam iaith, y Gelteg Gyffredin, yn ganghennau Goedelaidd a Galo-Frythonig. Rhoes y gangen Goedelaidd yr ieithoedd Gwyddeleg, Gaeleg a Manaweg inni, a'r gangen Galo-Frythonig yn rhoi inni Galeg ac wedyn Cymraeg, Cernyweg a Llydaweg.

Beth oedd crefydd y Celtiaid?

O safbwynt crefyddol yr oedd yr oll yn gysegredig i'r Celtiaid a pherthynai sancteiddrwydd arbennig i wahanol rannau o'r tirwedd. Yn ôl pob tebyg rhodd i'r duwiau oedd y cynnyrch a ddarganfuwyd yn Llyn Cerrig Bach ym Môn. Ceir enwau dros bedair mil o dduwiau Celtaidd a'r dybiaeth yw mai fersiynau lleol o enwau'r prif dduwiau yw'r mwyafrif. Tybir fod ganddynt ymwybyddiaeth o un ysbryd dwyfol a bod eu meddylfryd moesegol, er gwaethaf eu creulondeb, yn bur ddatblygedig.

Gan nad oes gennym Feibl o wybodaeth na thestunau ysgrifenedig i'w harchwilio sy'n rhoi manylion am eu crefydd, anodd iawn yw pwyso a mesur beth yn union oedd eu cred a'u diwylliant crefyddol. Erbyn oddeutu OC 500 roedd y Celtiaid wedi eu Cristioneiddio ond nid yw hyn yn golygu fod y trigolion wedi dod yn Gristnogion dros nos. Proses araf oedd hi. Yn aml iawn byddai elfennau o'r hen grefydd yn parhau dan gochl crefydd newydd. Mae llawer iawn o'r hen arferion paganaidd wedi dod yn eu tro yn wyliau Cristnogol. Mae gŵyl y Nadolig, er enghraifft, yn mynd â ni'n ôl i hen ŵyl baganaidd Rufeinig, y *Saturnalia* a gynhelid rhwng 17 a 24 Rhagfyr. Gŵyl oedd hon o ddathliadau a rhialtwch ganol gaeaf i'r duw Sadwrn, duw yr hau a'r plannu. Roedd y dathlu Rhufeinig hwn yn gyfuniad o ŵyl fawr duw'r cynhaeaf, Sadwrn, â gŵyl arall oedd yn ei dilyn yn syth i ddathlu genedigaeth duw'r haul, Mithras, ar y 25 Rhagfyr. Byddai'r hen Frythoniaid yn dathlu genedigaeth eu duw hwy, sef Lleu, dros yr un cyfnod.

Er i Iŵl Cesar a'i filwyr gyrraedd arfordir Caint ym mis Awst 55 CC byr fu ei ymweliad ac ni wnaethpwyd ymgais arall i oresgyn Prydain am bron i ganrif a hynny tua'r flwyddyn OC 57 pan awdurdododd Nero fyddin i goncro'r wlad. Mae Tacitus yn crynhoi'r hanes ac yn dangos gwewyr y milwyr Rhufeinig wrth iddynt weld y derwyddon yn eu hwynebu ar draws y Fenai ym Môn. Ond llwyddo a wnaethant a llofruddiwyd y derwyddon gan ddinistrio eu cysegrfeydd sanctaidd. Fodd bynnag, nid gwaith hawdd oedd gorchfygu Cymru a cheir tystiolaeth am dair ar ddeg o ymgyrchoedd gwaedlyd. Wedi'r goresgyniad caniatâi'r Rhufeiniaid amrywiaeth o grefyddau ar yr amod nad oedd iddynt gymhellion gwleidyddol. Erbyn OC 313 caniatawyd i'r Cristnogion addoli'n ddirwystr ac, ar ôl i'r Ymerawdwr Cystennin gael ei fedyddio ar ei wely angau yn OC 337, erbyn OC 400 roedd pob crefydd arall ond Cristnogaeth wedi ei gwahardd yn yr Ymerodraeth. Erbyn hyn, felly, Cristnogaeth oedd crefydd swyddogol y Rhufeiniaid. Wedi i'r Ymerodraeth golli ei grym temtid y Brythoniaid i fynd yn ôl i addoli eu hen dduwiau Celtaidd. Erbyn y drydedd a'r bedwaredd ganrif yr oedd Cristnogion ym mhob rhan o'r Ymerodraeth wedi eu cyfundrefnu dan offeiriaid ac esgobion. Ond yr oedd llawer yn hiraethu am fynd yn ôl at fywyd syml y Cristnogion cynnar ac esgorodd hyn yn ei dro at unigolion yn byw bywyd meudwyaidd a daeth y rhain yn eu tro yn fynaich a esgorodd ar Gristnogaeth newydd egnïol mewn sawl ardal ledled Cymru ac ynysoedd Prydain. Dyma rym yr eglwysi Celtaidd a ddatblygodd o waith cenhadon a hwyliai'r moroedd a dyma'n sicr yr adfywiad a'r goleuni a ddaeth yn rym newydd yn yr Oesoedd Tywyll ar ôl diflaniad y Rhufeiniaid. Dyma'r cyfnod y brithwyd y wlad â llannau sef tir cysegredig i gladdu'r meirw. Y gwir yw i Gristnogaeth ail-ddod i Gymru o'r gorllewin ac ar hyd y ffyrdd yr oedd y Rhufeiniaid wedi eu sylfaenu.

Mae llawer o hen lawysgrifau ar gael sy'n adrodd hanesion y saint ond mae'n rhaid cofio mai cynnyrch yr Oesoedd Canol ydynt, a ysgrifennwyd ganrifoedd ar ôl cyfnod y saint eu hunain. Enghraifft o hyn yw *Buchedd Dewi*, y gyntaf o fucheddau saint Cymru, a ysgrifennwyd gan Rhygyfarch tua 1090. Nid oes sicrwydd o ddyddiadau geni a marwolaeth Dewi ond mae'n debygol bod y blynyddoedd 530–589 yn weddol agos i'w lle. Mae'n werth nodi bod Iwerddon wedi bod yn fwy cynhyrchiol na Chymru a'r rheswm am hynny yw na fu'n rhaid iddi frwydro yn erbyn goresgynwyr Seisnig na chwaith iddi erioed ddod dan ddylanwad Rhufain ac felly byrhoedlog fu Cristnogaeth Rufeinig yn y wlad honno. Nodwedd amlycaf ei Christnogaeth oedd ei sêl genhadol a chawn enghraifft o Columba yn hwylio drosodd i Ynys Iona i genhadu ymhlith y Sgotiaid yn 563 ac Aidan yn mynd o Iona i Lindisfarne yn 634 i genhadu ymhlith y Saeson. Ond yng Nghymru mae'n deg dweud mai ymhlith eu cyd-Geltiaid y bu mynaich Cymru'n cenhadu gan fwyaf gan fynd drosodd i Lydaw a gogledd-orllewin Sbaen.

Yn OC 597 daeth Awstin o Hippo i Loegr ar gais y Pab, Grigor Fawr, i geisio ennill y Saeson i'r ffydd. Sefydlodd ei brif eglwys yng Nghaergaint a rhoddwyd awdurdod iddo gan y Pab dros holl Gristnogion Prydain. Gwrthodwyd yr awdurdod hwnnw gan yr esgobion Cymreig a dyma oedd dechrau'r drwgdeimlad rhwng Cymru a Chaergaint a barodd am dair canrif ar ddeg. Ni chafodd yr awdurdod hwn fawr o lwyddiant mewn rhai ardaloedd yn Lloegr chwaith. Bu cryn ddadlau ynglŷn â dyddiad y Pasg a thrafodwyd y mater yn Synod Whitby yn 664. Yn wyneb y ddadl mai eiddo Pedr ac nid Aidan oedd allweddau'r deyrnas ymunodd Northumbria â'r garfan Rufeinig a bu i ardaloedd eraill eu dilyn ond safodd Cymru yn erbyn y drefn Rufeinig. Ym marn John Davies, 'Cenhedlwyd cenedl y Cymry ar wely angau'r Ymerodraeth Rufeinig; ganwyd hi yng nghyffro 'Oes y Saint', ond llwm ac unig fu ei phlentyndod. (John Davies, *Hanes Cymru*, The Penguin Press 1990, t. 77).

Y Cwlwm Celtaidd

Mae diddordeb mewn Cristnogaeth Geltaidd ar gynnydd. O dan y pennawd meddwl, corff ac ysbryd (mind, body and spirit) yn ein siopau llyfrau mae toreth o lyfrau a chryno-ddisgiau cerddorol yn ymwneud â'r maes hwn. Yn ogystal â hyn mae'r cysyniad Celtaidd wedi croesi ffiniau enwadau, yn ogystal â Christnogion, boed efengylaidd neu ryddfrydol.

Ar ôl canrifoedd o gael eu hanwybyddu gan y Protestaniaid a'r Pabyddion i raddau helaeth iawn mae ysbrydolrwydd Celtaidd yn ffasiynol yn y dyddiau hyn. Mae sawl prifysgol yn yr Alban a Chymru yn cynnig cyrsiau i israddedigion a chyrsiau ymchwil i ôl-raddedigion. Felly mae'n deg gofyn beth yw apêl Cristnogaeth Geltaidd i'n cyfnod ni heddiw? Heddiw, yn anad yr un cyfnod, rhoddir bri ar ofalu ar yr amgylchfyd, dyrchafu byd natur a dathlu creadigaeth Duw. Mae angen pwysleisio fod y cread, sef y materol, yn gymaint rhan o'n ffydd ag yw'r tragwyddol. Gwnaethom gam mawr, dros y blynyddoedd, wrth sôn yn ddilornus am y byd fel y 'byd drwg a phechadurus hwn'. Mae ein tystiolaeth hynaf fel Cymry yn dangos fod dathlu Duw sy'n Greawdwr yn llenwi Cristnogion â llawenydd a gobaith. Rydym wedi cefnu ar hyn ac wedi esgeuluso'r cread fel ein cartref ysbrydol. Mae penodau cyntaf llyfr Genesis yn cyhoeddi fod Duw tu ôl i'r greadigaeth, gwaith ei ddwylo ef yw'r cyfan 'a gwelodd Duw mai da oedd', a thystiolaeth y Beibl yw fod i'r cread undod rhyfeddol yn ei wneuthuriad. Mae'r gweddïau Celtaidd yn dyrchafu a mawrygu creadigaeth Duw ac yn rhannu yn yr etifeddiaeth honno.

Thema arall sy'n amlygu ei hun mewn celf Geltaidd Gristnogol yw'r elfen o symudiad parhaus. Mae'r rhubanau diderfyn a chyd-weadau sy'n ffurfio'r Cwlwm Celtaidd yn cyfleu byd neu stad o fudiant parhaol a symudiadau diddiwedd. Nid oes i ni ddinas barhaus. Nid gweithredoedd anhrefnus a welir ond yn hytrach mae trefn wedi ei rheoli gan gymesuredd cymhleth a phatrwm pendant. Ond mae'r symudiadau yn golygu datblygiad a symud ymlaen cynyddol. Pobl ar fynd oedd y seintiau cynnar. Yn ôl a blaen dros Fôr Iwerddon, Sianel Bryste, ar draws y Sianel i Lydaw. Mae ceisio dilyn ôl troed yr arweinwyr hyn ar hyd ac ar led yr un mor rhwystredig â cheisio datrys y Cwlwm Celtaidd. Croesi ffiniau oedd nod amgen eu tystiolaeth. Mae hyn yn ei dro wedi arwain at gymylu'r ffeithiau am y saint cynnar. Enghraifft o hyn yw nawddsant Iwerddon, Padrig. Hyd y gwyddom nid oedd dafn o waed Gwyddelig yn ei wythiennau a chredir ei fod wedi ei eni a'i fagu yng Nghymru. Columba, nawddsant yr Alban, wedyn; cafodd ei fagu yng ngogledd Iwerddon a dod drosodd i ynys Iona fel alltud o'i wlad enedigol.

Gweddïau'r Drindod

Gras ein Harglwydd Iesu Grist, a chariad Duw, a chymdeithas yr Ysbryd Glân fyddo gyda chwi oll!
2 Corinthiaid 13: 13

Fel y mae'r Tad wedi fy ngharu i, yr wyf finnau wedi eich caru chwi.
Ioan 15: 9

A daeth llais o'r nefoedd: "Ti yw fy Mab, yr Anwylyd; ynot ti yr wyf yn ymhyfrydu."
Marc 1: 11

Dyma'r un a ddaeth drwy ddŵr a gwaed, Iesu Grist; nid trwy ddŵr yn unig, ond trwy'r dŵr a thrwy'r gwaed. Yr Ysbryd yw'r tyst, am mai'r Ysbryd yw'r gwirionedd.
1 Ioan 5: 6

Yn ein cymdeithas mae pwyslais mawr heddiw ar agweddau unigolyddol a chystadleuol ond mae'r traddodiad Celtaidd yn ein harwain at werthoedd amgen. Ysbrydolrwydd corfforedig gyda phwyslais ar berthynas ryngweithiol â'r ddaear a'r elfennau, ac ar y teulu dynol, nid yn unig ein teulu ein hunain ond y teulu estynedig yn y presennol a'r cwmwl tystion o'r gorffennol. Canolbwyntir ar y cytgord, yr undod, y cydberthynas, y cyd-ddibyniad a'r cydymfodaeth.

Y Duw oedd y Celtiaid Cristnogol yn ei adnabod oedd Duw y Drindod sydd yn ei hanfod yn dri yn un, yn dri pherson wedi'u clymu yn undod cariad. Mae'r hen chwedl am Padrig yn defnyddio dail y feillionen, 'shamroc', i geisio esbonio'r Drindod yn llawn arwyddocâd. Yn Iwerddon roedd y meillion yn blanhigion cyffredin ac o fewn cyrraedd a dyna arwyddocâd y Drindod. Nid rhywbeth pell ac anhygyrch yw'r Drindod ond yn hytrach y mae o fewn ein profiad bob dydd. Fel mae un o gerddi Iwerddon yn tystio:

Tri phlygiad yn y defnydd, ond un napcyn,
Tri chymal yn y bys, ond un bys.

Daw hyn â geiriau Morgan Llwyd i'r cof:

Ond mae'r Drindod yn aros ynom yr un fath ag y mae'r mŵn aur yn y ddaear, neu ŵr yn ei dŷ, neu blentyn yn y groth, neu dân mewn ffwrn, neu'r môr mewn ffynnon, neu fel y mae'r enaid yn y llygad y mae'r Drindod yn y Duwiol ... A gwirionedd yw mai ym mha le bynnag y bo goleuni, a chariad, a heddwch, a phurdeb, ac undeb, a nerth nefol, yno y mae'r tri yn un yn aros.

Mae'r gweddïau yn yr adran hon wedi'u dosbarthu dan dri phennawd. Dyma'r penawdau:
Addoli'r Tri yn Un
Her y Tri yn Un
Bendithiadau'r Tri yn Un

Addoli'r Tri yn Un

❖ Canmol gwneuthurwr pob dim

Canmolwn ac addolwn di, O Dduw, ein Tad.
Ti yw gwneuthurwr pob dim,
a thrwy dy ewyllys
creaist bopeth ac y maent yn dal i fod.

Canmolwn ac addolwn di, O Iesu Grist.
Ti yw'r Gair a ddaeth yn gnawd,
a thrwy dy fywyd di
adnabyddwn y Tad ac ymddiriedwn yn ei gariad.

Canmolwn ac addolwn di, O Ysbryd Glân.
Ti yw rhodd y Tad i ddynoliaeth,
a thrwy dy weithgarwch di-baid
ni wahenir dim oddi wrth Dduw.

Undeb y Mamau

❖ Hollalluog a thrugarog Dduw

Hollalluog a thrugarog Dduw,
yr hwn a roddaist i ni dy weision ras,
gan gyffesu ac addef y wir ffydd,
i adnabod gogoniant y dragwyddol Drindod,
ac yn nerth y Dwyfol Fawredd i addoli'r Undod;
nyni a atolygwn i ti ein cadw yn ddiysgog yn y ffydd hon,
ac byth ein hamddiffyn oddi wrth bob gwrthwyneb,
yr hwn wyt yn byw ac yn teyrnasu yn un Duw, byth heb ddiwedd.

Llyfr Gweddi Gyffredin (1926)

❖ Molwn dy enw sanctaidd

Dduw, ein creawdwr,
cydnabyddwn ein bod yn eiddo i ti.
Dduw, ein brenin,
talwn i ti ein gwrogaeth.
Dduw, ein cynhaliwr,
diolchwn i ti am dy fendithion.
Dduw, ein barnwr,
cyffeswn i ti ein pechodau.
Dduw, ein Gwaredwr,
ymddiriedwn yn dy drugaredd.
Dduw, ein Tad,
cyflwynwn i ti ein cariad.
Dduw, ein Duw,
offrymwn i ti ein haddoliad
a molwn dy enw sanctaidd.
Susan Sayers

❖ Fe'th addolwn

Dduw ein Tad,
plygwn ger dy fron mewn addoliad
i offrymu i ti gariad ein calonnau,
dyhead dwfn ein heneidiau,
a moliant ein genau:
Abba, fe'th addolwn,
Ac o'th flaen ymgrymwn,
Ti a garwn.

Arglwydd Iesu Grist,
ein ceidwad a'n brawd,
agorwn ein calonnau i'th gariad,
a chyflwynwn ein hunain
mewn addoliad i ti:

Iesu, fe'th addolwn,
Ac o'th flaen ymgrymwn,
Ti a garwn.

Ysbryd Sanctaidd,
ein diddanydd a'n harweinydd,
anadla arnom anadl dy einioes,
a chymer ein hymbiliau gwael
a gweddïa drwyddynt:
Ysbryd, fe'th addolwn,
Ac o'th flaen ymgrymwn,
Ti a garwn.

Drindod Sanctaidd,
Dad, Mab ac Ysbryd Glân,
o'th flaen ymgrymwn:
Ti a garwn,
ti a wasanaethwn,
ac i ti y bo'r clod a'r gogoniant,
yn oes oesoedd.

Elfed ap Nefydd Roberts

❖ **Dyrchafaf i Dri**

Dyrchafaf i Dri:
Y Drindod yn Dduw
Sydd yn Un a Thri,
Yn undod ag un nerth,
Un Duw i foli.
Fe'th folaf, o frenin mawr:
Mawr yw dy gamp.
Dy foliant, gwir yw,
A myfi yw dy foliannydd.
Henffych well, Grist,
Y Tad, a'r Mab,
Ac Ysbryd yr Arglwydd.

Llyfr Du Caerfyrddin

❖ Y Drindod gadarn

Y mae Duw yn dri pherson ac iddo unig fab tirion y Drindod gadarn:
Mab i'r duwdod, mab i'r dyndod, mab dymunol ... ,
Mab Duw yn noddfa,
mab Mair yn drigfan fendigaid,
mab da a welwyd.
Mawr ei ysblander,
Arglwydd Dduw mawreddog,
yn rhanbarth y gogoniant.
O linach Adda ac Abraham yr ydym wedi ein geni,
Boed inni ddyrchafu,
gogyfer â chwrdd â'r Drindod wedi'r iachawdwriaeth,

Llyfr Taliesin

❖ Trugaredd y Drindod

Deisyfaf ble i'r Mab graslon, ac i Dad y daioni:
Bydded trugaredd y Drindod yn drugarog wrthyf
Cyn mynd i'm bedd a'm gorffwysfa olaf.
Proffesaf felly oddi yma edifeirwch llwyr
Am bopeth a feddyliais ac a wneuthum o drais a balchder.

Llyfr Coch Hergest

❖ Tawelu a distewi

O Arglwydd, nid yw fy nghalon yn drahaus,
na'm llygaid yn falch;
nid wyf yn ymboeni am bethau rhy fawr,
nac am bethau rhy ryfeddol i mi.
Ond yr wyf wedi tawelu a distewi fy enaid,
fel plentyn ar fron ei fam;
fel plentyn y mae fy enaid.

Seiliedig ar Salm 131

❖ Codi ein llygaid atat

Yr wyf yn codi fy llygaid atat ti sy'n eistedd yn y nefoedd.
Fel y mae llygaid gweision yn gwylio llaw eu meistr,
a llygaid caethferch yn gwylio llaw ei meistres,
felly y mae ein llygaid ninnau yn gwylio'r Arglwydd ein Duw.

Seiliedig ar Salm 123

❖ Molwch y Tri

Molwch y Tad,
Molwch y Mab,
Molwch yr Ysbryd,
Y Tri yn Un.

Gweddi Geltaidd

❖ Nesawn atat

Yng nghariad y Tad,
Yng ngoleuni Crist,
Dan arweiniad yr Ysbryd,
Nesawn atat, heddiw.
Mewn moliant i'r Creawdwr,
Ym mhresenoldeb yr Achubwr,
Yn nerth yr Ysbryd,
Nesawn atat, heddiw.

David Adam

❖ Diolch i'r Drindod

O Dad, a'm creodd.
O Fab, a'm prynodd.
O Ysbryd Glân, a'm dysgodd.
Diolch.

Cymuned Iona

❖ Credaf ac ymddiriedaf yn y Tri

Credaf ac ymddiriedaf yn Nuw y Tad.
Credaf ac ymddiriedaf yn Iesu ei Fab.
Credaf ac ymddiriedaf yn yr Ysbryd Glân.
Credaf ac ymddiriedaf yn y Tri yn Un.

Celtic Daily Prayer

❖ Maddau i mi

O Dad a Mab ac Ysbryd Glân,
maddau fy mhechodau.
O Dduw sy'n un,
O Dduw sy'n ffyddlon,
O Dduw sy'n gyntaf ac yn olaf,
O Dduw sy'n un sylwedd,
O Dduw holl gynhwysfawr,
yn Dri Pherson,
maddau i mi.

Celtic Daily Prayer

❖ Arglwydd bendigaid

Yn enw'r Arglwydd – fy rhan i yw ei foli – mawr yw ei foliant,
Molaf i Dduw, mawr yw ei amlhad ar ei drugaredd.
Duw a'n hamddiffynnodd,
Duw a'n creodd,
Duw a'n gwaredodd;
Duw yw ein gobaith,
un haeddiannol perffaith, teg ei fendith.
Gan Dduw y mae'r hawl arnom,
Duw sydd uchod, brenin y Drindod.
Profwyd Duw yn ymborth i ni yn ei drallod:
Daeth Duw i'w gaethiwo ei hun gan ostyngeiddrwydd.
Arglwydd bendigaid,
boed iddo ein gwneud yn rhydd erbyn Dydd y Farn.

Llyfr Du Caerfyrddin

❖ Tri yn un

Yn enw'r Tad,
   Yn enw'r Mab,
Yn enw'r Ysbryd:
   Tri yn un.

Dad, anwyla fi,
Fab, anwyla fi,
Ysbryd, anwyla fi:
Tri holl annwyl.

Dduw, sancteiddia fi,
Grist, sancteiddia fi,
Ysbryd, sancteiddia fi:
Tri holl sanctaidd.

O Dri, cymorth fy ngobaith,
O Dri, cymorth fy nghariad,
O Dri, cymorth fy llygaid:
   A'm glin rhag llithro,
   A'm glin rhag llithro.

Carmina Gadelica

❖ Sanctaidd Dri

Y Drindod
Yn fy ngwarchod,
Y Tad fo drosof,
Y Gwaredwr o danaf,
Yr Ysbryd o'm cwmpas,
Y Tri Sanctaidd
Yn f'amddiffyn.
Pan ddaw'r nos,
Bendithia fy aelwyd,

Sanctaidd Dri
Gwylia drosof fi.
Pan ddaw cysgodion
Clyw fy nghri,
Sanctaidd Dri
Cylchyna fi
Fel y bo'n
Amen, i Ti,
Sanctaidd Dri
O'm cwmpas i.

David Adam

❖ **Ymgrymu gerbron y Tad**

Ymgrymaf gerbron y Tad
A'm gwnaeth i,
Ymgrymaf gerbron y Mab
A'm gwaredodd i,
Ymgrymaf gerbron yr Ysbryd
Sy'n f'arwain i.
Gan garu ac addoli
Rhof fy ngwefusau,
Rhof fy nghalon,
Rhof fy meddwl,
Rhof fy nghryfder.
Ymgrymaf ac addolaf Di,
Sanctaidd Dri,
Y Bythol Un,
Y Drindod.

David Adam

❖ Molwn a chlodforwn di

Dduw, ein Tad,
Arglwydd nef a llawr,
ffynhonnell a nerth ein bywyd:
Molwn a chlodforwn di.

Arglwydd Iesu Grist,
ein Gwaredwr a'n gobaith,
rhoddwr bywyd yn ei helaethrwydd:
Molwn a chlodforwn di.

Ysbryd Sanctaidd,
ein diddanydd a'n harweinydd,
nerth a bywyd Duw ynom:
Molwn a chlodforwn di.

Dduw Dad, Mab, ac Ysbryd Glân,
perffaith mewn undod a chariad,
yn ein huno ni â thi ac â'n gilydd:
**Molwn a chlodforwn di,
yn awr ac yn oes oesoedd.**

Elfed ap Nefydd Roberts

Her y Tri yn Un

❖ Dyma ni'n dod

Yn enw mawreddog Duw,
Yn enw achubol Iesu,
Yn enw cadarn yr Ysbryd,
Dyma ni'n dod.
Dyma ni'n wylo.
Dyma ni'n gwylio.
Dyma ni'n aros.
Dyma ni'n edrych.
Dyma ni'n dyheu
amdanat ti.

David Adam

❖ Rhown ninnau ein hunain

I'r Creawdwr
sy'n rhoi bywyd.
Rhown ninnau
ein bywyd i'n Gwaredwr.
I'r Gwaredwr
sy'n rhoi ei gariad.
Rhown ninnau ein cariad.
I'r Ysbryd
sy'n rhoi ei hun.
Rhown ninnau ein hunain.
Yng ngrym,
tangnefedd a phresenoldeb
y Tad,
y Mab a'r Ysbryd Glân
Rhown ein hunain heddiw.

David Adam

❖ Helpa ni

Am farweidd-dra ein gweledigaeth,
O Dad, maddau i ni.
Am lesgedd ein ffydd,
O Fab, maddau i ni.
Am ddigalondid ein byw,
O Ysbryd, maddau i ni.
Y Drindod Sanctaidd, trugarha wrthym,
Maddau ein pechodau,
Helpa ni i ymchwilio,
Helpa ni i weld,
Helpa ni i wasanaethu.

David Adam

❖ Heno a phob nos

Y tri sanctaidd
i achub,
i warchod,
i amgylchynu
yr aelwyd,
y tŷ,
a'r preswylwyr.
Heno
y noswaith hon.
Pob nos
a phob un noson.

Carmina Gadelica

❖ Y Tri gyda ni

Bydded i Dduw fod gyda chwi ar y llwybrau gwastad;
Bydded i Grist fod gyda chwi yn y stormydd;
Bydded i'r Ysbryd fod gyda chwi bob amser.

Gweddi Wyddelig

❖ Duw yn arwain

Bydded i Dduw f'arwain
i deyrnas tangnefedd,
i diriogaeth fy Mrenin,
i dangnefedd tragwyddoldeb.
Moliant i'r Tad,
Moliant i'r Mab,
Moliant i'r Ysbryd.
Y Tri yn Un.

Carmina Gadelica

❖ Plygu glin

Plygaf lin
Yng ngŵydd y Tad a'm creodd,
Yng ngŵydd y Mab a'm prynodd,
Yng ngŵydd yr Ysbryd a'm purodd,
mewn cyfeillgarwch ac anwyldeb.
Trwy dy Fab tywallt arnaf dy fendithion,
Trwy dy Ysbryd rho i mi nerth i fynd ymlaen.

Carmina Gadelica

❖ Gwarchod ni

Y Tri Sanctaidd,
ein hamddiffynfa,
amgylchyna ni
sydd ar ein taith.
Gwarchod ni
rhag unrhyw enbydrwydd
y dydd hwn,
y nos hon,
am byth.

Alistair MacLean

❖ Y Tri yn arwain

Y Tad sydd wedi'n creu,
Y Mab sydd wedi'n gwaredu,
Yr Ysbryd sydd yn bywiocáu,
Arwain ni i'r byd i gyhoeddi'r newyddion da,
i oleuo, arwain a bywhau dy bobl,
ac i barhau gwaith dy deyrnas ar y ddaear.

Golygydd

❖ Anfon ni allan

Y Tri yn Un a'r Un yn Dri,
anfon ni allan
i fod yn nerth i bawb sydd mewn angen,
yn gwmni i'r rhai sy'n unig a thrallodus,
yn gefn i'r rhai sydd wedi anobeithio
ac yn arweinydd i'r rhai sydd wedi colli eu ffydd.
Cynnal ni ar ein taith.

Golygydd

❖ Ymbil ar y Drindod

O Dad, Mab ac Ysbryd Glân,
ymbiliwn arnat heddiw
i dosturio wrth y rhai anghenus,
i iacháu'r cleifion,
i fwydo'r newynog,
i ryddhau'r gorthrymedig
a chodi'r gwan ar eu traed.
O Dad, Mab ac Ysbryd Glân.
Diolch i ti.

Golygydd

❖ Y Drindod Sanctaidd

Y Drindod Sanctaidd,
rho i ni weledigaeth o'r byd fel y dylai fod,
byd o gyfiawnder, pawb yn parchu ei gilydd,
byd o frawdgarwch, pawb yn gwasanaethu ei gilydd,
byd o lawnder, pawb yn caru ei gilydd.
Clyw ein gweddi, heddiw, a phrysured y dydd.

Golygydd

❖ Duw yn goleuo'r ffordd

Wyt ti yn fy nghofio?
Wyt ti'n cofio fy mhoenau?
Fedri di fy ngwella?
Dri yn Un,
rho dy ddwylo arnaf
a gwasgara'r tywyllwch o'm bywyd.
Goleua'r ffordd i minnau
oleuo a gwella eraill,
O Dri yn Un.

Celtic Daily Prayer

❖ Defnyddio'n dwylo

Dwylo, Arglwydd.
Dy rodd i ni.
Estynnwn hwy atat ti.
Gafaela yn dynn.
Defnyddiwn ein dwylo
i gynnal dy bobl.
Y Tri yn Un,
cynnal ni er mwyn i ni fedru
cynnal eraill.

Laurel Bridges

❖ Llais y Tri yn Un

Faint o weithiau, heddiw, y gofynnaf
Oes 'na waith i mi ei wneud?
Tybed ydw i wedi methu clywed y llais,
Llais y Tri yn Un,
y llais yn galw?
Dyma fi.
Defnyddia fi
os gweli'n dda.
Heddiw.

Golygydd

❖ Un ffordd

Gristion, gwyddost mai dim ond ar un ffordd y gellir
dilyn, addoli, ufuddhau a charu'r Tri yn Un,
a'r ffordd honno yw gwasanaethu eraill.
Gad i mi gerdded ar hyd y ffordd honno
heddiw a phob dydd.

Golygydd

❖ Gweinidogaeth y Cymod

Y mae Duw, Tad pob trugaredd,
wedi cymodi'r byd ag ef ei hun
trwy farwolaeth ac atgyfodiad ei Fab, Iesu Grist,
heb gyfrif ein troseddau yn ei erbyn,
eithr mae wedi anfon yr Ysbryd Glân
i arllwys ei gariad arnom.
Trwy weinidogaeth y cymod
a ymddiriedodd Crist i'w Eglwys,
derbyn ei faddeuant a'i dangnefedd
fel y gallwn sefyll yn gadarn trwy ei nerth,
y dydd hwn a hyd byth.

Cyffes y Kyrie

❖ Yr Ysbryd yn adnewyddu

Ysbryd Glân, Ysbryd Byw.
Tyrd i adnewyddu'r ddaear
ac i roi bywyd newydd i mi.
Ysbryd Glân, Ysbryd Byw.
Tyrd i ddod â threfn o anhrefn
ac i roi pwrpas newydd yn fy mywyd i.
Ysbryd Glân, Ysbryd Byw.
Tyrd i anadlu bywyd yn dy holl greaduriaid.
Adnewydda, adfywia ac adfer fy mywyd i.
Ysbryd Glân, Ysbryd Byw.
Tyrd i roi bywyd yn yr esgyrn sychion,
rho obaith a llawenydd yn fy mywyd i.
Ysbryd Glân, Ysbryd Byw.
Tyrd ac aros gyda ni.

David Adam

❖ Rho dy law i mi

Arglwydd Iesu,
   yr wyf eisiau dy ddilyn
   ond gwn na fedraf dy ddilyn.
   Mae 'na gymaint o bethau
   yn fy nal yn ôl.
Arglwydd Iesu,
   edrych arnaf,
   tosturia wrthyf.
Rho dy law i mi.
Rho dy law i mi
i deithio efo ti
   ar y daith.

Carmina Gadelica

Bendithiadau'r Tri yn Un

❖ **Bydd gyda ni**
Duw y Creawdwr,
ti a'n creodd.
Duw y Mab,
ti fu farw trosom.
Duw yr Ysbryd Glân,
ti sy'n ein sancteiddio.
Tad, Mab ac Ysbryd Glân,
bendithia, cadw a gofala amdanom.
I ble bynnag y byddi'n ein harwain,
bydd gyda ni.

Golygydd

❖ **Moli a gogoneddu**
Bendigedig wyt ti, Arglwydd Dduw ein Tadau:
I'th foli a'th ogoneddu yn dragywydd.

Bendithiwn y Tad, y Mab a'r Ysbryd Glân:
Molwn a gogoneddwn ef yn dragywydd.

Bendigedig wyt ti, Arglwydd, yn ffurfafen y nefoedd:
Molwn a gogoneddwn di yn dragywydd.

Cadw ni a bendithia ni, O Arglwydd trugarog:
Am ein bod yn ymddiried ynot.

Oni fyddi di'n ein hadfywio eto, O Arglwydd:
Er mwyn i'th bobl lawenhau ynot?

Arglwydd, dangos dy drugaredd arnom:
A dyro i ni dy iachawdwriaeth.

Arglwydd, cadw ni y dydd hwn yn ddibechod:
Fel y rhodiwn yn ôl dy ewyllys.

Arglwydd, clyw ein gweddi:
A doed ein cri atat.

Arglwydd Dduw, sanctaidd a gogoneddus,
o flaen disgleirdeb dy bresenoldeb
gorchuddia'r angylion eu hwynebau;
gyda pharch gostyngedig a chariad addolgar,
moliannwn di, Dad, Mab ac Ysbryd Glân,

Drindod fendigaid:
**Bendith ac anrhydedd a gogoniant a gallu
a fo i'n Duw ni, yn oes oesoedd.**
Elfed ap Nefydd Roberts

❖   **O Dri, cymorth fy ngobaith**
Yn enw'r Tad,
Yn enw'r Mab,
Yn enw'r Ysbryd,
    Tri yn Un:

Dad, anwyla fi,
Fab, anwyla fi,
Ysbryd, anwyla fi,
    Tri holl-annwyl.

Dduw, sancteiddia fi,
Grist, sancteiddia fi,
Ysbryd, sancteiddia fi,
    Tri holl-sanctaidd.

O Dri, cymorth fy ngobaith,
O Dri, cymorth fy nghariad,
O Dri, cymorth fy llygad,
  A'm glin rhag llithro,
  A'm glin rhag llithro.

Carmina Gadelica

❖   Y Tri treiddgar

Y Tri sydd dros fy mhen,
Y Tri sydd dan fy nhraed,
Y Tri sydd drosof yma,
Y Tri sydd drosof yno,
Y Tri sydd yn y ddaear agos,
Y Tri sydd i fyny yn yr awyr,
Y Tri sy'n trigo yn y nef,
Y Tri yn ymchwydd mawr y cefnfor,
Y Tri treiddgar, O bydd gyda mi.

Gweddïau'r Eglwys Geltaidd

❖   Tyrd Ysbryd Glân

Tyrd Ysbryd Glân fel tân a llosg ynom.
Tyrd fel gwynt nerthol a glanha ni.
Tyrd fel goleuni nefol ac arwain ni.
Tyrd fel y Gwirionedd a dysg ni.
Tyrd fel maddeuant a rhyddha ni.
Tyrd fel cariad a chofleidia ni.
Tyrd mewn grym a nertha ni.
Tyrd fel bywyd a phreswylia ynom.
Barna ni ac argyhoedda ni.
Cysegra ni nes ein bod ni'n gyfan yn eiddo i ti ac at dy wasanaeth di,
yn enw Iesu Grist ein Harglwydd.

Y Llawlyfr Gweddïo

❖ Duw'r Gras, Duw'r Drindod

Fel yr oedd, fel y mae, ac fel y bydd
yn wastad, Duw'r gras, Duw'r Drindod:
gyda'r trai, gyda'r llanw, bydded felly,
Duw'r Gras, Duw'r Drindod,
gyda'r trai a'r llanw.

Gweddi Geltaidd

❖ Tangnefedd y Drindod

Tangnefedd Duw fo gyda chwi,
Tangnefedd Crist fo gyda chwi,
Tangnefedd yr Ysbryd Glân fo gyda chwi,
A gyda'th blant.
O'r dydd hwn
i ddiwrnod olaf ein bywyd,
hyd ddiwrnod olaf ein bywyd.

Gweddi Geltaidd

❖ Llygaid y Drindod

Llygaid y Duw mawr a fo arnoch,
Llygaid Duw y gogoniant a fo arnoch,
Llygaid mab Fair Forwyn a fo arnoch,
Llygaid yr Ysbryd tyner a fo arnoch,
I'ch cynorthwyo a'ch bugeilio;
Llygaid cariadus y Tri a fo arnoch,
I'ch cynorthwyo a'ch bugeilio.

Gweddi Geltaidd

❖ **Trindod Tangnefedd**

Bydded i Dduw y tangnefedd
daenu ei dangnefedd ar yr aelwyd hon.
Bydded i Fab y tangnefedd
daenu ei dangnefedd ar yr aelwyd hon.
Bydded i Ysbryd y tangnefedd
daenu ei dangnefedd ar yr aelwyd hon
heno a phob nos.

Gweddi Geltaidd

❖ **Drws agored Paradwys**

O Dduw mawr,
Tad, Mab ac Ysbryd Glân,
i mi, y lleiaf o'r holl Saint,
gad i mi gadw drws agored ym Mharadwys.
Fel y gallaf gadw'r drws lleiaf,
y pellaf, y tywyllaf a'r drws oeraf,
y drws y'i defnyddir leiaf, y drws anystwyth.
Dim ond iddo fod yn dy dŷ di, O Dduw,
fel y gallaf weld dy ogoniant hyd yn oed o bell
a chlywed dy lais
a gwybod fy mod gyda thi, O Dduw.

St Columba

❖ **Mynd allan i'r byd**

Ewch allan i'r byd
nid i wasanaethu eich hunan,
ond i wasanaethu eraill;
nid i ddyheu am glodydd personol
ond i ogoneddu y Duw sy'n Dri.
Rhown y clod, y mawl a'r bri
i Dduw sy'n Un ond eto'n Dri.

Golygydd

❖ Taith ddiogel drwy'r byd

Dos yn ddiogel enaid gwerthfawr ar dy daith drwy'r byd:
yn enw Duw y Tad a'th greodd di,
yn enw Iesu Grist a ddioddefodd trosot,
yn enw'r Ysbryd Glân a'th gynhaliodd.

Celtic Daily Prayer

❖ Bydded yn ôl dy ewyllys di

O Dduw y Creawdwr,
ti a'n creodd,
O Dduw y Mab,
buost farw trosom,
O Dduw yr Ysbryd Glân,
ti sy'n ein sancteiddio.
Dad, Mab ac Ysbryd Glân,
bendithia ni,
cadw ni,
ac amddiffyn ni.
I ble bynnag yr awn
a beth bynnag a wnawn
bydded yn ôl dy ewyllys di.

Jenny Child

❖ Diolch am y Drindod

Mae'r Tad gyda ni.
Diolch.
Mae Iesu gyda ni.
Diolch.
Mae'r Ysbryd Glân gyda ni.
Diolch.
Mae'r Tad, y Mab a'r Ysbryd Glân gyda ni.
Diolch.

David Adam

❖ Gogoniant i'r Drindod

Gogoniant i ti, O Dduw,
Gogoniant a fyddo i ti.
Gogoniant i ti, O Dad,
Gogoniant a fyddo i ti.
Gogoniant i ti, O Iesu,
Gogoniant a fyddo i ti.
Gogoniant i ti, O Fab,
Gogoniant a fyddo i ti.
Gogoniant i ti, O Ysbryd,
Gogoniant a fyddo i ti.

David Adam

❖ Gogoniant yn awr a hyd byth

Gogoniant a fyddo i ti, O Dduw, ein Creawdwr,
Gogoniant a fyddo i ti, O Iesu, ein Prynwr,
Gogoniant a fyddo i ti, O Ysbryd Glân,
ein Harweinydd a'n Diddanydd,
yn awr a hyd byth bythoedd.

Undeb y Mamau

❖ Bydded i'r Drindod fod gyda thi

Breichiau Duw o'm cwmpas,
Ffordd Iesu i'm harwain,
Nerth yr Ysbryd i'm cynnal.
Bydded i'r Duw Sanctaidd fod gyda thi.
Bydded i'r Mab Sanctaidd fod gyda thi.
Bydded i'r Ysbryd Sanctaidd fod gyda thi.

Cymuned Iona

❖   **Tangnefedd gyda ni heddiw**

Bydded i dangnefedd yr Ysbryd fod gyda mi heddiw.

Bydded i dangnefedd y Mab fod gyda mi heddiw.

Bydded i dangnefedd y Tad fod gyda mi heddiw.

Bydded i dangnefedd pob tangnefedd fod gyda mi heddiw

yn enw'r Tad,

a'r Mab,

a'r Ysbryd Glân.

Celtic Daily Prayer

Gweddïau'r Greadigaeth

Y mae'r nefoedd yn adrodd gogoniant Duw, a'r ffurfafen yn mynegi gwaith ei ddwylo.
Salm 19: 1

Pan edrychaf ar y nefoedd, gwaith dy fysedd, y lloer a'r sêr, a roddaist yn eu lle, beth yw meidrolyn, iti ei gofio, a'r teulu dynol, iti ofalu amdano?
Salm 8: 3–4

Hysbysodd i ni ddirgelwch ei ewyllys, yn unol â'r bwriad a arfaethodd yng Nghrist yng nghynllun cyflawniad yr amseroedd, sef dwyn yr holl greadigaeth i undod yng Nghrist, gan gynnwys pob peth yn y nefoedd ac ar y ddaear.
Effesiaid 1: 9–10

Bendigedig wyt ti, Dduw trugarog, a bendigedig fydd dy enw yn oes oesoedd; bydded i'th holl greadigaeth dy fendithio am byth.
Tobit 3: 11

Yr hyn a ddaw yn amlwg ym mywydau'r Celtiaid Cristnogol cynnar yw eu parch tuag at y greadigaeth. Duw yw'r Creawdwr a hwythau'n rhan o'r greadigaeth honno. Roedd rhai o'r mynaich cynnar ar eu teithiau yn darganfod gwledydd a chynefinoedd newydd ond roedd eraill, y ffermwyr, y tyddynwyr a'r pysgotwyr, yn aros yn eu bro yn trin y tir ac ennill eu bywoliaeth ar y môr. Roedden nhw'n fwy ymwybodol o sefydlogrwydd a sadrwydd bywyd na'r mynaich crwydrol. Dysgwn oddi wrthynt hwy beth yn union yw byw yn y cynefin agos heb geisio dianc.

Gwaith a gweddi yn un a'r profiad hwn yn ei dro yn arwain at barchu'r byd o gwmpas a darganfod dyfnderoedd y bywyd mewnol a'i ddyrchafu. Bydd y profiad hwn yn esgor ar ddarganfod llaw Duw ym mhob lle, ym mhob eiliad ac ym mhob peth, fydd yn ei dro'n creu'r ymdeimlad o'r bywyd cyfan yn cael ei gyffwrdd gan Dduw. Roedd dathlu Duw'r Creawdwr yn llenwi'r Cristnogion cynnar â gobaith a diolch. Ym mhenodau cyntaf y Beibl, mae'r awdur yn pwysleisio undod a chydadwaith rhyfeddol cread Duw. Pentref clòs, rhyngweithiol yw'r cread drwyddo draw.

Mae gweddïau'r adran hon wedi'u dosbarthu dan bump pennawd. Dyma'r penawdau:

Duw y Creawdwr

Byd Duw

Gofal am y Cread

Gofal am y creaduriaid

Stiwardiaeth dyn

Duw y Creawdwr

❖ Trugaredd y Drindod

Arglwydd, trugarha
  Wrth dy greadigaeth,
  Wrth y byd a wnaethost,
  Wrth bob creadur byw,
  Wrthyf fi.
    Arglwydd, trugarha.

Crist, trugarha
  Wrth y rhai a waredaist,
  Wrth y rhai sydd ar goll,
  Wrth y rhai sy'n crwydro,
  Wrthyf fi.
    Crist, trugarha.

Arglwydd, trugarha
  Wrth y digalon,
  Wrth y diobaith,
  Wrth y di-ffydd,
  Wrthyf fi.
    Arglwydd, trugarha.

David Adam

❖ Rhyfeddod y greadigaeth

Gwyntoedd awchlym
yn ubain rhwng y creigiau,
yn gyrru cri'r gwylanod
gan ddiasbedain dros y tonnau.
Cymylau bregus
yn arllwys eu
dagrau ar y grug.
Rhyfeddod dy greadigaeth.

Celtic Daily Prayer

❖ Canu cân newydd

Canwch i'r Arglwydd gân newydd.
Molwch yr Arglwydd o'r nefoedd,
molwch ef yn yr uchelderau.
Molwch ef, ei holl angylion,
molwch ef, ei holl luoedd.
Molwch ef, haul a lleuad,
molwch ef, yr holl sêr disglair.
Molwch ef, nef y nefoedd,
a'r dyfroedd sydd uwch y nefoedd.
Bydded iddynt foli enw'r Arglwydd,
oherwydd ef a orchmynnodd, a chrëwyd hwy.
Fe'u gwnaeth yn sicr fyth bythoedd,
rhoes iddynt ddeddf nas torrir.

Seiliedig ar Salm 148

❖ Canmol y creawdwr

Canmolwn di, Greawdwr.
Ti sy'n dal y byd i gyd yn dy ddwylo,
y mynyddoedd a'r dyffrynnoedd, yr afonydd a'r cefnforoedd.
Bydd gyda mi ar fy nhaith yn y byd heddiw.
Gafael yn dynn ynof pan fyddaf yn cysgu heno.

Tess Ward

❖ Yn llawn o'th ogoniant

Ti, Dduw, a folwn; ti a gydnabyddwn yn Arglwydd.
Yr holl ddaear a'th fawl di, y Tad tragwyddol.
Arnat ti y llefa'r holl angylion; y nefoedd a'r holl nerthoedd o'u mewn.
Arnat ti y llefa ceriwbiaid a seraffiaid â lleferydd di-baid.
Sanctaidd, sanctaidd, sanctaidd, Arglwydd Dduw y lluoedd;
nefoedd a daear sy'n llawn o'th ogoniant.

Te Deum Laudamus

❖ Clodfori'r Brenin

Fy mrenin, fy mrenin i, Brenin nef,
heb unrhyw falchder nac unrhyw wrthwynebiad,
ceraist yr holl fydysawd,
O! Frenin tragwyddol a buddugoliaethus.

O! Frenin uwchlaw'r elfennau, yn uwch na'r haul:
Brenin sy'n fwy na dyfnder y cefnforoedd,
Brenin y De a'r Gogledd, y Dwyrain a'r Gorllewin,
Brenin na all neb dy orchfygu.

O! Frenin y dirgeledigaethau, rwyt ti'n bod
cyn cread yr elfennau, cyn yr holl oesoedd,
Brenin heb ddechrau na diwedd,
Brenin tragwyddol, prydferth i'w ryfeddu.

O! Frenin, ti a greaist ddisgleirdeb y nefoedd,
eto, dwyt ti ddim yn ormesol nac yn drahaus.
Creaist y byd yn llawn o hyfrydwch
gan ei wneud yn gryf, yn bwerus a safadwy.

O! Frenin, ti fu'n llunio'r dyfnderoedd
o sylweddau sylfaenol yr elfennau,
gan eu siapio'n ffurfiau rhyfeddol.

O! Frenin, ffurfiaist o bob un elfen wahanol
gan eu gwneud heb unrhyw gyfyngiadau
yn ddirgeledigaethau cain,
tymhestlog ond eto'n dangnefeddus,
y bywiolion a'r difywyd fel ei gilydd.

David Adam

❖ Duw y cyfanfyd

Ein Duw ni yw Duw y cyfanfyd,
Duw y nefoedd a'r ddaear,
Duw y moroedd a'r afonydd,
Duw yr haul, y lleuad a'r sêr i gyd.
Duw y mynyddoedd mawreddog
a'r dyffrynnoedd isel.
Rwyt ti'n preswylio yn y nefoedd a'r ddaear,
y môr a'r cyfan sydd ynddo.

Ti sy'n Dduw sy'n ysbrydoli,
Ti sy'n rhoi bywyd yn ei helaethrwydd.
Ti sy'n teyrnasu.
Ti sy'n cefnogi.
Ti sy'n goleuo goleuni'r haul
ac yn goleuo'r nos.
Ti sy'n codi ffynhonnau mewn anialdir.

Ti yw Duw y nefoedd a'r ddaear,
y moroedd a'r afonydd,
yr haul, y lleuad a'r sêr,
y mynyddoedd mawreddog a'r dyffrynnoedd isel.
Ti yw'r Duw sy'n uwch na'r nefoedd,
Ti yw Duw y nefoedd
ac o dan y nefoedd.

Sant Padrig

❖ Y Duw tragwyddol

Yn y dechreuad
cyn bod amser, cyn bod pobl,
cyn dechreuad y byd:
> *Yr oedd Duw.*

Yma yn awr
yn ein mysg, wrth ein hymyl,
yn galw pobloedd daear
i ddibenion nefoedd:
> *Y mae Duw.*

Yn y dyfodol,
pan mai llwch fyddwn
a phopeth wedi dod i'w gyflawnder:
> *Bydd Duw.*

Nid yn ymwrthod â'r byd, ond yn ymhyfrydu ynddo,
nid yn condemnio'r byd, ond yn ei achub
trwy Iesu Grist,
yng ngrym yr Ysbryd Glân:
> *Y Duw a fu, y Duw sydd a'r Duw a fydd.*

Wild Goose Worship Group

❖ Tad Tragwyddoldeb

Credaf, O Dduw yr holl dduwiau,
mai Ti yw Tad tragwyddol bodolaeth;
credaf, O Dduw yr holl dduwiau,
mai Ti yw Tad tragwyddol y rhiniau.

Credaf, O Arglwydd a Duw y lluoedd,
mai Ti a luniodd y nefoedd uchel,
mai Ti a luniodd yr wybren uwchben,
mai Ti a luniodd y moroedd islaw.

Credaf, O Arglwydd a Duw y lluoedd,
mai Ti a luniodd fy enaid a gwên fy nelwad,
mai Ti a luniodd fy nghorff o lwch a lludw,
ac a ddygodd i'm corff anadl ac i'm henaid ei helw.

Ar Drothwy Goleuni

❖ O ddyfnderoedd y ddaear

Yng nghroth y tywyllwch y cenhedlwyd bywyd,
yn nüwch y gofod y ganed y sêr
ac o farwolaeth seren y ganed ein byd.
O ddyfnderoedd y ddaear y crëwyd
y mynyddoedd a'r dyffrynnoedd.
O Dduw, gofynnwn i ti gadw golwg
arnom heno.
Boed i'n bywyd fod yn rhydd heno
gan lawenhau yn dy ofal a'th gariad.

Ray Simpson

❖ Canmolwn di, Arglwydd

Canmolwn di, Arglwydd.
Crëwr dy holl waith,
Y nefoedd a'r holl angylion
Ac ar y ddaear y môr a'i donnau.

Hen Wyddeleg

❖ Gardd creadigaeth Duw

O Dduw hollalluog, Y Creawdwr:
y bore hwn yw dy fore di, yn codi i'w lawnder.
Yr haf yw dy haf di, yn suddo i'r hydref.
Ti biau tragwyddoldeb sy'n suddo i fyd o amser.
Y glaswellt egnïol, arogl y blodau,
y cen ar y creigiau a sawr y gwymon,
mae'r cwbl oll yn eiddo i Ti.
Diolch ein bod ni'n byw yng ngardd dy greadigaeth di.

Ond dydi'r greadigaeth ddim yn ddigon.
Yn ei phrydferthwch eto mae'n cuddio'r pydredd.
Yr ŵyn bach yn prancio'n ddi-hid:
mewn dim yn cael eu hanfon i'r lladd-dy.
Natur yn goch ac ofnus ac eto'n ir a gwyrddlas.
Yn yr ardd hefyd:
mae'r drain.
Dydi'r greadigaeth ddim yn ddigon.

O Dduw hollalluog, Gwaredwr:
mae nodd bywyd sy'n ein hesgyrn yn eiddo i Ti,
yn ein codi i berlewyg.
Bob amser,
yn y prydferthwch mae sawr pechod yn ein hymwybyddiaeth.
Cen crin ein pechodau wedi hen farw,
ond eto wedi caledu yn ein meddyliau.
Yng ngardd bodolaeth pob un ohonom, mae'r drain.

Ond rwyt ti wedi eu cymryd i gyd
a'u hoelio ar y Groes!
Mae'r waredigaeth yn ddigon: rydym yn rhydd.

Ysbryd Glân, y Symbylydd,
anadla arnom yn awr, llenwa ni â bywyd newydd.
Yn dy greadigaeth newydd, eisoes gyda ni, yn torri trwodd,
anadla arnom.
Allan â ni i'r byd, wedi'n creu o'r newydd,
wedi'n gwaredu i weithio
yn dy deyrnas di.

George F. MacLeod

❖ Ti yw...

Ti yw
y byth fywiol Un.
Ti yw
yr un heb ddechreuad, fel y Tad,
yn gyd-dragwyddol gyda'r Ysbryd.
Ti yw
yr hwn a wnaeth bob peth o ddim.
Ti yw
Tywysog yr angylion.
Ti yw
yr hwn sy'n peri i'r dyfnderau grynu.
Ti yw
yr hwn sy wedi'i guddio â goleuni fel gwisg.
Ti yw
yr hwn a'n creodd ni, ac a'n lluniodd ni o bridd.
Ti yw
yr hwn a ffurfiodd bethau anweledig.
O'th bresenoldeb di, fe ddianc yr holl ddaear.

Hippolytus

Byd Duw

❖ Diolch am fyd Duw

Am brydferthwch y cread,
O Dad, diolchwn.
Am ddirgelwch y cread,
O Dad, diolchwn.
Am ryfeddodau'r cread,
O Dad, diolchwn.
Am rymoedd y cread,
O Dad, diolchwn.
Am bawb sy'n gweithio ar dir a môr,
Greawdwr, clyw ein gweddi.
Am bawb sy'n gofalu am y blaned,
Greawdwr, clyw ein gweddi.
Am bawb sy'n gweithio ym myd cadwraeth,
Greawdwr, clyw ein gweddi.
Am bawb sy'n ceisio gwella'n hamgylchfyd,
Greawdwr, clyw ein gweddi.

David Adam

❖ Litani Byd Duw

Arweinydd: Byd Duw yw ein byd,
Pawb: *Y ddaear a'r bobl i gyd.*
Arweinydd: Mor dda yw ein byd, mor brydferth,
Pawb: *I ni gael byw gyda'n gilydd mewn cytgord.*
Arweinydd: Mae cariad a ffydd yn cydblethu,
Pawb: *Mae cyfiawnder a heddwch yn cydio law yn llaw.*
Arweinydd: Os bydd disgyblion Crist yn cadw'n ddistaw,
Pawb: *Bydd y meini hyn yn gweiddi'n uchel.*
Arweinydd: Felly, Arglwydd agor ein gwefusau,
Pawb: *A bydd ein genau yn mynegi dy foliant.*

Llyfr Addoliad Iona

❖ Agor ein llygaid, Dduw

Arweinydd: O Dduw,
mae ffrwythlondeb y ddaear yn cael ei erydu o'i chyfoeth.

Pawb: *Agor ein llygaid i sylwi.*

Arweinydd: O Dduw,
mae'r dyfroedd croyw yn cael eu llygru gan gemegau
niweidiol.

Pawb: *Agor ein llygaid i sylwi.*

Arweinydd: O Dduw,
mae'r awyr o'n cwmpas yn cael ei difwyno.

Pawb: *Agor ein llygaid i sylwi.*

Arweinydd: O Dduw,
mae'r creaduriaid yn diflannu'n araf
ac mae dy bobl yn dioddef.

Pawb: *Agor ein llygaid i sylwi.*

Arweinydd: Duw ein Creawdwr, cymell ni trwy ryfeddod dy gread,

Pawb: *Fel y byddwn yn edifarhau ac yn fwy parod i ofalu am y
cread.*

Arweinydd: Arwain ni i ofidio am ein methiant.

Pawb: *Dysg ni i ofalu'n dyner a gwarchod dy fyd.*

Llyfr Addoliad Iona

❖ Duw y cyfan oll

Mae ein Duw ni yn Dduw y cyfan oll,
Duw'r nef a'r ddaear.
Y môr a'r afonydd;
Duw'r haul a'r lleuad
a'r holl sêr;
Duw'r mynyddoedd uchel
a'r dyfroedd isel.
Mae ganddo'i drigfan o amgylch nef a daear
a môr, a'r cwbl sydd ynddynt.

Padrig

❖ Clodforwn di am bopeth

Am brydferthwch y ddaear,
Clodforwn di.
Am ddirgelwch y cread,
Clodforwn di.
Am ryfeddodau'r bydysawd,
Clodforwn di.
Am y grym sy'n cynnal,
Clodforwn di.
Am y rhai sy'n trin y tir,
Clodforwn di.
Am bawb sy'n gofalu am y blaned,
Clodforwn di.
Am y rhai sy'n gysylltiedig â chadwraeth,
Clodforwn di.
Am bawb sy'n ceisio gwella'r amgylchfyd,
Clodforwn di.

Celtic Daily Prayer

❖ Ymhyfrydu yn Nuw

Ymhyfrydwch yn Nuw bob amser.
Llawenychwch yn nisgleirdeb ei bresenoldeb.
Boed i chi gael eich adnewyddu yng ngrym ei gariad
am byth.

Jenny Child

❖ Y Duw sy'n ysbrydoli

O Dduw, ti sy'n ysbrydoli.
Mae gwreichionyn o'th lawenydd i'w weld o'm cwmpas yn y greadigaeth.
Tyrd ataf heddiw ac agor fy llygaid i weld dy roddion.
Bydded i'r byd o'm cwmpas greu chwilfrydedd ynof.
Bydded i'r tangnefeddwyr fy mherswadio i weld y gorau ym mhawb.

Bydded i arloeswyr yr oesoedd f'arwain i fod yn fwy mentrus.
Bydded i fywyd cyffredin a cherddediad hamddenol fy nhawelu.
Bydded i'r rhai sydd wedi eu caethiwo ennyn fy newrder.
Bydded i'r rhai sy'n dioddef danio fy mharch a'm cydymdeimlad
wrth i mi gerdded trwy'r byd heddiw gyda diolch yn fy nghalon.

Tess Ward

❖ **Cân i'r Crëwr**

Hyfryd gennyf fod yng nghesail ynys
ar grib craig
fel y gwelwn yno'n fynych
lonydd fôr.

Fel y gwelwn donnau trymion
llydan fôr
yn dyrchafu cân i'r Crëwr
dros bob oes.

Fel y gwelwn drai a llanw
ar ei hynt,
fel y'm gelwir, gyfrin ddatgan,
'Cefn at Erin'.

Fel y cawn fendigo'r Arglwydd
hollalluog,
meistr nef y graddau disglair,
meistr tir a môr.

Fel y syllwn ar y llyfrau
da i'm henaid:
saib ar liniau er nef annwyl,
saib ar salmau

saib yn syllu ar lyw nef.

Columcile

❖ Heddwch yr Arglwydd

Arglwydd, yr ynys lom hon,
gwna hi'n gyrchfan tangnefedd.
Yma bydded heddwch
i'r bobl sy'n gwneud d'ewyllys di.
Yma bydded heddwch
i'r hwn sy'n gwasanaethu ei gyd-ddyn.
Yma bydded heddwch
i bawb sy'n ufuddhau.
Yma bydded heddwch
a moliant ddydd a nos.
Rwyf i, Arglwydd, dy was
yn gweddïo'r weddi hon
ar ran yr ynyswyr.

Sant Aidan

❖ Duw y bywyd

O Dduw y bywyd, ti sy'n galw'r wawr i dorri
a'n galw i greu gyda thi.
Ti yw'r Graig sydd wedi llunio'r ddaear,
Ti yw'r Bwyd sy'n bwydo'r miloedd,
Ti yw'r Grym sy'n cynnal y cyfan,
Ti yw'r Ffynhonnell sy'n ganolbwynt bywyd.

Ray Simpson

❖ Gafael yn llaw Duw

Fel mae'r glaw yn cuddio'r sêr;
fel mae niwl yr hydref yn cuddio'r bryniau;
fel y mae'r cymylau'n llen dros lesni'r wybren:
felly y mae profiadau duon fy oes
yn cuddio dy wyneb disglair oddi wrthyf.
Ond os caf afael yn dy law yn y tywyllwch, digon yw,
am y gwn, er i mi faglu ar fy nhaith,
nad wyt ti byth yn syrthio.

O'r Gaeleg

❖ Bydded i bopeth dy glodfori

Arglwydd aruchel, henffych well!
Bydded i eglwys a changell dy ogoneddu;
Bydded i gangell ac eglwys dy ogoneddu;
Bydded i'r lle gwastad a'r lle serth dy ogoneddu;
Bydded i ti fendith y tair ffynnon sydd –
Dwy uwchlaw'r gwynt, ac un uwchlaw'r ddaear.
Bydded i'r tywyllwch a'r dydd dy ogoneddu;
Bydded i goed gwyllt a choed y berllan dy ogoneddu;
Fe'th ogoneddodd Abraham, arweinydd ffydd;
Bydded i fywyd tragwyddol dy ogoneddu;
Bydded i'r adar a'r gwenyn dy ogoneddu;
Bydded i'r adladd a'r glaswellt dy ogoneddu;
Fe'th ogoneddodd Aaron a Moses.
Bydded i wryw a benyw dy ogoneddu;
Bydded i [blanedau'r] saith niwrnod a'r sêr dy ogoneddu;
Bydded i'r awyr a'r ether dy ogoneddu;
Bydded i lyfrau a llên dy ogoneddu;
Bydded i'r pysgod yn y cerrynt dy ogoneddu;
Bydded i feddwl a gweithred dy ogoneddu;
Bydded i dywod a thywarch dy ogoneddu;
Bydded i'r [holl] bethau da a grëwyd dy ogoneddu.
Mi a'th ogoneddaf, Arglwydd y gogoniant.
Arglwydd aruchel, henffych well!

Llyfr Du Caerfyrddin

❖ Diolch am y pethau syml

Am y pethau syml a gymeraf yn ganiataol yn aml, O Dduw,
diolchaf i ti yn awr:
Am anferthedd y nen,
Am ffrwythlondeb y ddaear,
Am ddŵr a'i adlewyrchiadau, yn tywallt-dasgu'n glir,
â'i rym bywhaol o hyd;
Am gân yr adar,

59

Am symudiad naturiol anifeiliaid gwyllt,
Am griciaid a sioncod gwair,
ac adenydd gwawnaidd gweision y neidr;
Am grymedd gosgeiddig coesennau gwair,
Am liwiau newidiol dail,
Am nerth glanhaol, iachusol gwyntoedd;
Am burdeb a her copaon mynyddoedd,
Am arswyd taranau,
Am egni diddiwedd a thynfa'r llanw.
Uwchlaw hyn oll, rhoddaf ddiolch iti
am osod yn fy mhersonoliaeth gyfrinachau
sydd â'u gwreiddiau yn nhragwyddoldeb,
grym i'th addoli di, i'th garu di,
ac i'th wasanaethu di yn awr ac yn wastad.

Rita Snowden

❖ **Mor fawr wyt ti**

O Arglwydd Dduw ein tadau, awdur pob daioni, derbyn ein diolch am y
cyfle hwn i'th addoli. Daethom yma ar fore newydd i ganu dy glod ac i
ddweud eto pa mor fawr wyt ti.

Ti sy'n galw'r wawr o'r dwyrain ac yn trefnu pob machlud a diwedd
dydd. Mae'r goleuni a'r tywyllwch yn eiddo i ti. Yr wyt yn dwyn yr awelon
i'w hynt ac yn galw'r tymhorau i fod. Ti sy'n creu pob ffurf a llun sydd yn
y cread.

Ond arnom ni y rhoddaist dy nod a'th ddelw, a thrwy ysbryd dyn
y daw'r eneiniad dwyfol i'r byd. Er dy fwyn yr ydym ni yn bod, – ac er ein
mwyn ninnau y mae dy gariad di. Am hynny, dysg i ni garu'r gorau a'r
harddaf a'u gwasanaethu drwy holl ddyddiau'n hoes.

Diolch i ti am ddangos dy ffordd i ni trwy yr Arglwydd Iesu Grist.
Er mwyn eraill y bu ef fyw. Er mwyn eraill y bu ef farw, – ac er mwyn
eraill y mae ef yn byw yn oes oesoedd. Trwyddo ef y cawn ninnau weld ac
adnabod y gwir. Cynorthwya ni i fod ar ein gorau ym mhob peth.

W. Rhys Nicholas

❖ O ran y gwelwn

O ran y gwelwn, O Arglwydd.
Maddau i ni am ystyried mai'r rhan yw'r cyfan.

Cyril G. Williams

❖ Myfi yw...

Myfi yw'r awel sy'n anadlu ar y môr.
Myfi yw'r don yn y môr.
Myfi yw siffrwd y dail.
Myfi yw pelydrau'r haul.
Myfi yw llewyrch y lloer a'r sêr.
Myfi yw'r grym sydd yn y coed wrth dyfu.
Myfi yw'r blagur pan dyr yn flodeuyn.
Myfi yw symudiad y pysgodyn.
Myfi yw grym y twrch pan ladd.
Myfi yw cyflymder yr hydd.
Myfi yw nerth yr ych wrth i'r swch dorri i'r ddaear.
Myfi yw nerth y dderwen braff.
Myfi yw natur popeth sydd,
a meddyliau popeth byw,
y rhai a ganmolant fy enw.
Ti, O Dduw, a ddaeth ataf yn ddiarwybod i mi,
ac a gyffyrddodd â'm calon,
yw'r un Duw a welaf yn Iesu Grist ac yn yr eglwys, a'i sacramentau.
Ac yr wyt bellach yn byw yn fy nghalon,
ac nid yn unig yn fy meddwl.

W. J. Byron Evans

❖ Arglwydd y winllan

Arglwydd y winllan,
rhown ddiolch iti am geinder gerddi,
am brydferthwch blagur a blodyn,
am hyfrydwch ffrwythau ac aeron,
am y ffynhonnau a'r pyllau adfywiol,
am ogoniant glesni natur,
am gynnwrf lliw mewn gwelyau wedi eu trin,
am gân lawen adar diofal,
am gyfarthiad cŵn chwareus
ac am chwerthin plant.
Maddau inni ein bod mor aml yn brin ein diolch
am roddion mor fawr ac amrywiol.
Cymorth ni i orfoleddu yn yr holl olygfeydd a synau
sy'n ein hamgylchynu mewn natur,
ac i rannu ag eraill y pethau da
a dderbyniwn oddi wrthyt ti.

John Johansen-Berg

❖ Moliant am oleuni

Greawdwr doeth a chariadlon,
rhown iti foliant a diolch am oleuni ein llygaid,
am yr haul tanbaid ganol dydd,
am dynerwch golau lleuad ganol nos,
am lewyrch sêr mewn awyr dywyll, felfed,
am gynnwrf godidog lliwiau'r machlud
a gogoniant euraidd y wawr.
Cyffeswn inni'n rhy aml gymryd hyn oll yn ganiataol
gan fethu gweld y fraint fawr sy'n eiddo i ni
yn rhodd goleuni.
Atgoffa ni'n barhaus o'th gariad.
Boed inni fynegi'n diolchgarwch
mewn bywydau wedi eu hoffrymu i'th wasanaeth.

John Johansen-Berg

❖ Gwna fi...

Gwna fi'n ymwybodol o lepian y tonnau.
Gwna fi'n ymwybodol o symudiadau'r awyr.
Gwna fi'n ymwybodol o'r tyfiant yn y llwyni.
Gwna fi'n ymwybodol o'r amgylchfyd o'm cwmpas.
Gwna fi'n ymwybodol o ehangder y bydysawd.
Gwna fi'n ymwybodol o guriad fy nghalon
bob dydd.

Celtic Daily Light

❖ Clod a gogoniant

Dad, Mab ac Ysbryd Glân:
am y grym a'n creodd,
am y gras sy'n ein cynnal,
i ti y bo'r clod a'r gogoniant dros byth.

Golygydd

Gofal am y Cread

❖ Am bawb sydd mewn angen

Rhoddwr yr haul a'r glaw,
yr ysbeidiau heulog a'r cawodydd.
Cyflwynaf i ti y rhai sy'n byw mewn ardaloedd llai cymedrol
sy'n wynebu tywydd o eithafion,
tymheredd crasboeth,
llifogydd a
sychder.
Cynhesa ein difaterwch
fel y gallwn rannu yng ngofidiau dy bobl
a chofiwn am bawb sydd mewn angen:
dŵr,
bwyd,
cysgod,
dillad,
cwmpeini,
a gofal.
Gwrando ein gweddi.

The Celtic Wheel of the Year

❖ Un byd, un ddynoliaeth

Fel mae'r ddaear yn troelli ac yn hyrddio drwy'r gofod,
y dydd yn gwawrio a'r nos yn tywyllu.
Cofiwn am bawb – y rhai sy'n deffro, yn cysgu, yn cael eu geni
ac yn marw – un byd, yn ddynolryw.

Cyngor Eglwysi'r Byd, Vancouver

❖ Rho dy arweiniad i ni

Dduw, ein creawdwr,
cydnabyddwn ein bod yn eiddo i ti.

Dduw, ein brenin,
talwn i ti ein gwrogaeth.

Dduw, ein cynhaliwr,
diolchwn i ti am dy fendithion.

Dduw, ein barnwr,
cyffeswn i ti ein pechodau.

Dduw, ein gwaredwr,
ymddiriedwn yn dy drugaredd.

Dduw, ein Tad,
cyflwynwn i ti ein cariad.

Dduw, ein Duw,
**offrymwn i ti ein haddoliad
a molwn dy enw sanctaidd.**

Dduw tragwyddol, awdur goleuni,
rho dy arweiniad i ni
yn ein haddoliad y dydd hwn,
fel y bydd ein gwefusau yn dy foli,
ein myfyrdodau yn dy fawrygu,
a'n bywydau yn dy ogoneddu:
**Arglwydd, arwain ni â'th Ysbryd,
a sancteiddia'n myfyrdodau a'n mawl.**

Elfed ap Nefydd Roberts

❖ Canmol byd Duw

Diolch i ti, O Dduw,
am brydferthwch y byd.
Gweld yr haul yn codi ac yn machlud,
amrywiaeth y tymhorau,
prydferthwch y mynyddoedd a'r bryniau,
mawredd y moroedd a'r cefnforoedd,
cân yr adar,
arogl y blodau
a cheinder y dail.
Diolch i ti, O Dduw.

Golygydd

❖ Croes Crist yn arfwisg

[Dyma']'r ymadrodd cyntaf a ddywedaf
Yn y bore wrth godi:
'[Boed] Croes Crist yn arfwisg amdanaf.'

Dan nawdd fy Arglwydd yr ymarfogaf heddiw.
Un tisian a glywaf:
Nid fy Nuw ydyw; nis credaf.
Arfogaf amdanaf yn hardd.
Ni chredaf mewn ofergoel – gan nad yw hynny'n iawn.
Duw a'm creodd i a rydd nerth imi …

Llyfr Du Caerfyrddin

❖ Canmol y creawdwr a'r cynhaliwr

I'r Crëwr a'r Cynhaliwr da, rhown glod,
yr hwn a roes i'r cread ffurf
ac i fywyd ei elfen.
Efe a dynnodd y llenni ar fore cynta'r byd
a gosod trefn ar y tryblith,
a chreu môr a thir,
a dydd a nos,
a haf a gaeaf.

W. Rhys Nicholas

❖ Eiddo Duw yw'r byd

Yn y dechreuad, y creodd Duw y byd:
Creodd y byd a bu'n fam iddo,
Ffurfiodd y byd a bu'n dad iddo;
Llanwodd y byd â hadau ac arwyddion o ffrwythlondeb.
Llanwodd y byd â chariad a'i bobl â gallu.
Y cyfan sy'n wyrdd, glas, dwfn ac yn tyfu,
Eiddo Duw yw'r llaw a'u creodd.
Y cyfan sy'n dyner, cadarn, peraroglus a rhyfedd,
Eiddo Duw yw'r llaw a'u creodd.
Y cyfan sy'n ymlusgo, hedfan, nofio, cerdded neu'n llonydd,
Eiddo Duw yw'r llaw a'u creodd.
Y cyfan sy'n siarad, canu, wylo, chwerthin neu'n ddistaw,
Eiddo Duw yw'r llaw a'ch creodd.
Y cyfan sy'n dioddef, cloffi, mewn angen, neu'n hiraethu am derfyn,
Eiddo Duw yw'r llaw a'ch creodd.
Eiddo'r Arglwydd yw'r byd.
Eiddo ef yw'r ddaear a'i holl bobl.

Cymuned Iona

❖ Fy nghyfaill

Iesu,
Gwreichionyn bodolaeth,
Bardd y bydysawd,
Awdur llyfr y greadigaeth,
Egnïwr yr elfennau,
Grym mewnol atomau,
Ffurfiwr moleciwlau,
Anadl einioes,
Sylfaenydd yr oesau,
Gwybodaeth y dirgelion,
Doethineb ei hun,
Delw'r Duw anweledig,
Carwr marwolion,
Maddeuwr pechodau,
Gorchfygwr drygioni,
Concwerwr angau,
Gwaredwr dynion,
Cyfaill dynion,
Fy nghyfaill,
Fy nghyfaill i fy hun.

Joyce Denham

❖ Y Gair

Cyn bod y byd,
yno roedd un gair;
Wedi'i ddaearu yn Nuw,
wedi'i wreiddio'n ddwfn;
Trwyddo ef y gwnaethpwyd pob peth,
ynddo ef arddangoswyd cariad,
Trwyddo ef siaradodd Duw ac meddai,
'Rwyf fi gyda thi.'

Ynddo ef y tarddodd bywyd,
darganfyddodd marwolaeth ei ddiwedd;
Gwelodd goleuni ynddo ei gwrs,
a thywyllwch ei ffrind;
Ni all na marwolaeth nac amheuaeth
na thywyllwch ddiffodd
Gwres Duw a'r floedd:
'Rwyf fi gyda thi.'

Roedd y Gair yn y byd
a darddodd ohono ef;
Roedd yn anhysbys,
yn ddieithryn heb enw;
Yr un â holl ddynolryw,
yn ochri gyda'r digariad;
Yn argyhoeddi gwelediad a meddwl,
'Rwyf fi gyda thi.'

Y rhai a dderbyniodd y Gair
gan Dduw a fendithiwyd;
Chwiorydd a brodyr ydynt i
westai anwylaf y ddaear.
Felly y cyhoeddodd Gair Gras
mewn amser a gofod,
A chydag wyneb dynol,
'Rwyf fi gyda thi.'

John Bell a Graham Maule

❖ Y Duw sy'n arwain a chynnal

Arglwydd,
yn dy greadigaeth y mae fy nechreuad,
yn dy Air y mae fy mywyd,
yn dy farwolaeth y mae f'achubiaeth,
yn dy atgyfodiad y mae fy ngobaith.

Bydded i'r Arglwydd a ddaeth â threfn o'r tryblith,
Bydded i'r Arglwydd a greodd y nefoedd a'r ddaear,
Bydded i'r Arglwydd a ffurfiodd y moroedd a'r cefnforoedd
Ein harwain a'n cynnal heddiw ac am byth.

John Johansen-Berg

❖ Duw y Creawdwr

O Dduw y Creawdwr,
    diolchwn am dy rodd o blaned y ddaear,
    am brydferthwch y dydd a'i ddisgleirdeb,
    am lonyddwch y nos yn oriau'r tywyllwch.

Cyfaddefwn nad ydym yn deilwng o'th rodd;
    rydym wedi difetha'r ddaear,
    rydym wedi anwybyddu deddfau'n hiechyd,
    rydym wedi anufuddhau i'th air.
    Maddau i ni a helpa ni i gymryd mwy o ofal
    o'n cynefin a'r fam ddaear.

John Johansen-Berg

❖ Duw a wnaeth

Y mae Duw wedi gwneud yn yr entrychion
Blanedau da:
Y mae ef wedi gwneud yr Haul,
Y mae ef wedi gwneud y Lleuad,
Y mae ef wedi gwneud Mawrth,
a Mercher.
Y mae ef wedi gwneud Fenws,
Y mae ef wedi gwneud Gwener,
Y mae ef wedi gwneud Seferws,
Ac yn seithfed, Sadwrn.

Llyfr Taliesin

❖ Sanctaidd yw ei foli

Y Drindod dragwyddol
A greodd y byd;
Ac wedi'r byd,
Fe greodd Adda yn gelfydd.
Ac wedi Adda,
Yn dda y creodd Efa.
Pobl fendigaid Israel
A greodd yr Hwn sy'n amddiffynfa rhag digofaint –
Gwych yw ei enwi,
Sanctaidd yw ei foli.

Llyfr Taliesin

❖ Duw drosom a rhagom

Moli Duw yn y dechrau a'r diwedd:
Ni bydd ef yn gwrthod nac yn gomedd y sawl
sy'n ymdrechu gwneud hynny.
Unig fab Mair, y pennaf o blith brenhinoedd,
Mair mam Crist, y bennaf o blith rhianedd.
Daw'r haul o'r dwyrain i'r gogledd.
Ymbilia, O Fair, er mwyn dy fawr drugaredd,
Ar dy fab i ymlid ein pechod.
Duw drosom, Duw rhagom, Duw sy'n rheoli,
Bydded i Arglwydd y Nef roi inni gyfran o drugaredd.

Llyfr Du Caerfyrddin

❖ Ef a'n creodd

Arglwydd Dduw'r lluniwr,
Brenin sy'n atgyfnerthu'r bobl;
Crist Iesu'r goruchwyliwr,
Un sydd yn berchen rhwysg gogoniant ysblennydd.
Un cadarnach na ni a gafwyd.
Ym moliant dy drugaredd.
Ni ddaeth yma i'r byd
Dy gystal, o Arglwydd;
Ni ddaeth, ac ni ddaw
Neb cystal â Duw.
Ni aned i'n pobl
Neb cystal â Duw.
Nid oes yr un arglwydd ond ef.
Uwch y môr, is y môr …
Ef a'n creodd …

Llyfr Taliesin

❖ Gweddi dros y cread

Clod i ti, O Dduw nerthol, am holl ryfeddodau'r cread.
Clod i ti am y tir a'r môr;
am ffrwythlondeb pridd, amrywiaeth blodau,
eu lliwiau a'u persawr,
am gadernid coed
a golud bywyd y fforestydd.
Eiddot ti ddirgelion y moleciwl ac ysblander cysodau'r sêr.
Diolch i ti am bopeth byw,
am anifeiliaid ac adar,
am ymlusgiaid a phryfetach
ac am amrywiaeth syfrdanol y rhywogaethau.
Mawrygwn di am rythmau'r tywydd,
am heulwen a glaw, tes a rhew,
gwlith ac eira, y gwynt nerthol a'r awyr dyner.
Llenwaist ein clustiau â seiniau'r greadigaeth:
sisial ffrwd ar gerrig,
trymru'r môr ar draeth, trydar yr adar, clec y daran
ac amrywiol gynganeddion y gwynt.
A thi a greodd ryfeddod corff ac ymennydd dyn.
A chydnabyddwn ein bod wedi ein gosod gennyt ar y blaned hon,
nid i'w hanrheithio a'i difetha,
ond i ddwyn cyfrifoldeb drosti o dan dy lywodraeth di,
Arglwydd y cread.
Dysg ein cenhedlaeth ni i fawrygu'r fraint honno
gan ddiogelu ffrwythlonder y ddaear,
a chydnabod mai dy drefn di yn unig
a sicrha degwch i blanhigion ac anifeiliaid ac i blant dynion.
Greawdwr daionus, cynysgaedda ni â doethineb.
Gofynnwn hyn yn enw Iesu Grist.

R. Tudur Jones

Gofal am y creaduriaid

❖ Bendith ar greaduriaid Duw

O Dduw, ti a wnaethost bob peth byw, ac sy'n caru pob un, bendithia'r holl greaduriaid byw, yn arbennig y rhai sy mewn gwasanaeth ac yng nghartrefi pobl. Caniatâ na fydd unrhyw un byth yn ddifeddwl, yn ddidostur, neu'n fwriadol greulon tuag at anifeiliaid mud sy heb lais i fynegi a heb rym i'w hamddiffyn eu hunain rhag gweithredoedd pobl. Caniatâ i'r rheiny sy'n cadw anifeiliaid anwes yn eu cartrefi ofalu'n iawn amdanynt, heb fyth eu hesgeuluso, na pheri iddynt ddioddef yn ddiangen mewn unrhyw fodd. Bendithia'r holl anifeiliaid sy'n dal yn gaeth, a bydded i'w meistri a'u hyfforddwyr eu trin â charedigrwydd. Rhoddodd yr anifeiliaid eu cryfder a'u gallu i weithio i ddynion, ac yn aml hyd yn oed eu hymroddiad a'u cariad; caniatâ i ddynion roi iddynt hwy ofal haeddiannol fel creaduriaid y bu i'th ddwylo eu llunio a'th galon eu gwarchod. Hyn a ofynnaf er mwyn dy gariad.

William Barclay

❖ Yr haul yn dangos Duw

Moliannus fyddo fy Arglwydd Dduw am ei holl greaduriaid,
yn enwedig am ein brawd, yr haul,
sy'n dwyn y dydd atom,
a phob goleuni, prydferth yw ef,
yn disgleirio'n ysblennydd iawn.
Mae'n d'arddangos di i ni O Dduw!

Ffransis o Assisi

❖ Cân o fawl i'r Arglwydd

Cri yr adar yn galw'n uchel ar fynydd;
sŵn creaduriaid y môr yn nyfnder yr eigion;
brefu'r gwartheg allan yn y caeau:
sŵn llais Duw yn galw ar galon a meddwl.
Ehedydd uchel, aderyn y gân lawen, cana i mi;
ewig fuan, yn rhedeg yn gyflym ar y gwastadedd eang, rhed i mi;
eog disglair, lle tardd yr afon, neidia i mi.

Mae adar yr awyr,
bwystfilod y maes,
pysgod yr afonydd
yn cyflwyno cân o fawl
i Arglwydd mawr yr awyr a'r môr,
y bu i'w Fab farw a chyfodi er fy mwyn.

John Johansen-Berg

Stiwardiaeth dyn

❖ **Ein Tad ni oll**

Greawdwr – ein Tad ni oll,
rhoddwr bywyd,
rhoddwr cariad.
Cynorthwya ni
i roi ein bywydau,
i roi ein cariad,
ac i roi ein henaid
i eraill ac i Ti.

Celtic Daily Prayer

❖ **Arweiniad Duw**

Rho d'arweiniad
i'r holl archwilwyr, chwilotwyr a gwyddonwyr,
i'r holl arlunwyr a cherflunwyr,
i'r holl gerddorion, awduron a darlledwyr,
i'r rhai sy'n dylanwadu ar ein bywydau
ac i bawb sy'n ceisio heddwch a thangnefedd.
Rho d'arweiniad.

Celtic Daily Light

❖ **Bydd yn gefn iddynt**

I'r rhai sy'n gwneud eu gorau i ofalu am y byd,
Bydd yn gefn iddynt.
I'r rhai sy'n gwneud eu gorau i ddiogelu a chynnal,
Bydd yn gefn iddynt.
I'r rhai sy'n cyd-greu gyda Thi,
Bydd yn gefn iddynt.
I'r rhai sy'n gweithio mewn lleoedd tywyll a pheryglus,
Bydd yn gefn iddynt.

I'r rhai sy'n dioddef oherwydd llygredd,
Bydd yn gefn iddynt.
I'r rhai sy'n llusgo byw mewn tir diffaith ac anial,
Bydd yn gefn iddynt.
I'r rhai sy'n gweithio ar y môr ac yn yr awyr,
Bydd yn gefn iddynt.
I'r rhai sy'n ceisio gwneud byd gwell a phrydferth,
Bydd yn gefn iddynt.

Celtic Daily Light

❖ **Gofalu am y ddaear**

Waredwr annwyl, ti greodd undod daear a nef,
dysg ni i ofalu am y ddaear,
i fod yn stiwardiaid teilwng.
Bydded i'n llygaid fod yn agored i weld ôl dy ddwylo ym myd natur.
Bydded i'n dwylo fod yn agored
i gydnabod dy roddion materol o'n cwmpas.
Bydded i ni ddysgu byw mewn cytgord â'th ddeddfau.
Bendithia'r pridd lle rydym ni'n byw ac yn gweithio ac yn cymdeithasu.
Bydded i'r ffordd godi i'n cyfarfod.
Bydded i'r gwynt fod o'n hôl.
Bydded i'r haul dywynnu ar ein gorchwylion
a boed i'r glaw tyner ddisgyn ar feysydd ein hymdrechion.

Hen Wyddeleg

❖ Rhodd Duw yw'r ddaear

Arglwydd, mae'r ddaear heb freichiau,
nid oes ganddi lais.
Gad i mi fod yn amddiffynnwr iddi.
Gad i mi ymladd ar ei rhan.
Oherwydd ti, Arglwydd, a roddodd y ddaear i mi;
rhoddaist hi i mi ac i bob un.
Wrth ei hamddiffyn hi
a'i datblygu yn ôl dy ddymuniad,
byddaf unwaith eto yn ei hachub hi
ac, wrth ei hachub hi,
achubaf fy holl frodyr.

Michael Quoist

❖ Gweithwyr byd natur

Cyflwynwn bawb sy'n gweithio'n agos at fyd natur:
y ffermwyr a'r garddwyr sy'n tyfu bwyd ar ein cyfer,
y gwyddonwyr a'r technegwyr sy'n treiddio i ddirgelion y cread,
y coedwigwyr sy'n plannu ac yn gofalu am y coedwigoedd,
y rhai sy'n darogan rhagolygon y tywydd,
y ffotograffwyr a'r artistiaid sy'n crynhoi'r prydferthwch
er mwyn i eraill fedru gwerthfawrogi,
y cadwraethwyr sy'n gofalu am y byd a'i holl ddirgelion.

The Lion Prayer Collection

❖ Maddeuant am ddifrodi'r byd

Maddau i ni, O Dduw, am y difrod rydym wedi'i wneud i'r byd.
Mae'r afonydd a'r moroedd wedi'u llygru.
Mae'r awyr wedi'i difwyno gan gemegau peryglus.
Mae planhigion ac anifeiliaid wedi diflannu am byth
oherwydd yr ysfa i adfeddiannu tiroedd.
Maddau i ni, O Dduw, am roi mwy o werth ar elw
yn hytrach nag ar yr amgylchfyd.

Golygydd

❖ Paratoi ar gyfer yfory

Maddau i ni, Arglwydd y Cread,
am y trachwant sy'n difetha yfory
er mwyn i ni gael diddanwch a chysur heddiw,
am y diogi sy'n atal a rhwystro yfory
er mwyn i ni gael byd braf heddiw,
am y diofalwch sy'n llygru yfory
er mwyn i ni gael esmwythdra heddiw,
am yr anghyfiawnder sy'n amddifadu yfory
er mwyn cyfoethogi ein byd heddiw,
am y ffolineb sy'n anghofio yfory a byw yn unig
er mwyn heddiw a'i bleserau.
Arglwydd heddiw, yfory ac yn dragywydd,
heria ni yn awr i newid ein
hagwedd a byw heddiw gan baratoi ar gyfer yfory.

Dyrchafu'r Duw Byw

Gweddïau'r Dyddiau

Galwodd Duw y goleuni yn ddydd a'r tywyllwch yn nos. A bu hwyr a bu bore, y dydd cyntaf.
Genesis 1: 5

Eiddot ti yw dydd a nos, ti a sefydlodd oleuni a haul.
Salm 74: 16

Peidiwch felly â phryderu am yfory, oherwydd bydd gan yfory ei bryder ei hun. Digon i'r diwrnod ei drafferth ei hun.
Mathew 6: 34

Dyro inni heddiw ein bara beunyddiol.
Mathew 6: 11

Mae patrwm a threfn y tymhorau, fel pob diwrnod, yn dibynnu ar yr haul. Mae'r haul wedi bod yn allweddol yn addoliad y dyn cyntefig fel y gwelwn yn hanes y creu yn llyfr Genesis. Ychydig a wyddom am arwyddocâd y meini a'r cromlechau ond gwyddom am eu cysylltiad â'r haul a bod symudiadau yr haul wedi penderfynu eu lleoliad.

Gwelwn fod y Cristnogion Celtaidd wedi disodli'r hen wyliau paganaidd ac wedi sefydlu gwyliau Cristnogol yn eu lle. Mae gŵyl geni'r haul yn troi yn Ŵyl geni Mab Duw. Awstin Sant a ddywedodd bod angen rhoi'r gorau i addoli'r haul (sun) a throi'n hytrach at addoli Mab Duw (the son) gan fod addoli Creawdwr yr haul yn bwysicach nag addoli'r haul ei hun. Roedd codiad yr haul a thoriad gwawr yn gyfle newydd. Roedd hen draddodiad ar Ynysoedd Heledd, yn yr Alban, i'r dynion godi eu cap a moesymgrymu i'r haul pan fyddai'n ymddangos ar doriad gwawr. A byddai'r un peth yn digwydd ar y machlud.

Mewn rhai ardaloedd yn yr Alban byddai pobl yn cyfarch y lleuad newydd ac yn moesymgrymu iddi deirgwaith. Roedd goleuni'r haul yn y dydd a'r lleuad yn y nos yn gyfryngau bendith iddynt ac yn oleuni mewn tywyllwch. Byddai gan bob diwrnod ei orchwyl penodol, addoli ar y Sul, hau ar ddydd Gwener, a gelwid dydd Iau yn ddydd Columba – diwrnod lwcus ar gyfer pob math o fusnesau. Mewn gair rhoddid pwyslais ar y ffordd o fyw eu bywydau sef y cysylltiad rhwng pobl a'u cynefin, patrwm dydd a nos, dyfodiad y goleuni yn y bore a dyfodiad y tywyllwch yn yr hwyr.

Gweddïau'r Bore

❖ **Goleuni a haul**

Eiddot ti yw dydd a nos,
ti a sefydlodd oleuni a haul.

Salm 74: 16

❖ **Goleuni Duw yn llenwi'r galon**

Fel y bydd disgleirdeb yr haul yn dwyn gogoniant.
Fel y bydd sêr y nos yn gwasgaru'r tywyllwch.
Fel y bydd llewyrch y lleuad yn dwyn gobaith inni.
Felly, bydded i oleuni Duw lenwi eich calon
a'ch meddwl a'ch bywyd.

Bendithiadau

❖ **Diwrnod llawn bendithion**

Llanwer y dydd â bendithion,
Fel yr haul sy'n goleuo'r awyr,
A bydded i chwi gael dewrder
I ledu eich adenydd a hedfan.

Bendith Geltaidd

❖ **Disgwyl wrth Dduw**

Arnat ti y gweddïaf, Arglwydd;
yn y bore fe glywi fy llais.
Yn y bore paratoaf ar dy gyfer,
ac fe ddisgwyliaf.

Salm 5: 3

❖ Cymorth hawdd mewn cyfyngder

Torra dy Enw, Arglwydd,
ar fy nghalon, i aros yno
wedi ei gerfio mor annileadwy,
fel na all hawddfyd, nac adfyd,
fyth fy symud i oddi wrth dy gariad di.
Bydd i mi'n dŵr cadarn,
yn gysur mewn trallod,
yn waredwr mewn blinder,
yn gymorth hawdd i'w gael mewn cyfyngder,
ac yn arweinydd i'r nefoedd
trwy aml demtasiynau a pheryglon y bywyd hwn.

Thomas à Kempis

❖ Codaf heddiw

Codaf heddiw
Trwy nerth y nef:
Goleuni'r haul,
Llewyrch y lleuad,
Ysblander y tân,
Chwimder y fellten,
Cyflymder y gwynt,
Dyfnderoedd y môr,
Sadrwydd y ddaear
A chadernid y graig.

The Way of the Celtic Tradition

❖ Bore newydd

O Dduw, a'm dug o orffwys nos neithiwr
i olau dydd hyfryd heddiw,
dwg fi o olau ir y dwthwn hwn
i olau ffordd tragwyddoldeb.

Carmina Gadelica

❖ Diwrnod newydd arall

Y diwrnod newydd hwn yw dy rodd i mi;
gad imi ei dderbyn yn awyddus a'i ddefnyddio'n iawn, O Dduw.
Caniatâ fod pob gair a lefaraf yn addas i ti ei glywed,
pob cynllun a driniaf yn addas i ti ei fendithio
a phob gweithred a wnaf yn addas i ti ei rhannu.
Cadw fi'n wrol os bydd pethau'n profi'n ormesol;
cadw fi'n siriol os bydd pethau'n profi'n anniddorol;
cadw fi'n ddigynnwrf os bydd yr annisgwyl yn digwydd;
cadw fi'n amyneddgar os byddaf ynghlwm â gweithredoedd ffôl pobl
eraill.
Felly bydded imi wneud fy ffordd yn obeithiol drwy'r dydd hwn
gan dreulio fy nghariad, fy egni a'm hamser er dy fwyn.

Rita Snowden

❖ Cwsg ac effro

O Arglwydd, cadw ni tra'n effro,
a gwarchod ni tra'n cysgu,
fel yn effro y cawn wylio gyda Christ
a thra'n cysgu y cawn orffwys mewn tangnefedd.

Cwmplin

❖ Goleuni tragwyddoldeb

O Dduw, a ddaethost â mi o orffwys neithiwr
Hyd at olau gorfoleddus y dydd hwn,
Tyrd â mi oddi wrth olau newydd y dydd hwn
Hyd at oleuni arweiniol tragwyddoldeb.

Carmina Gadelica

❖ Y Drindod gyda mi

Crist gyda mi'n cysgu,
Crist gyda mi'n effro,
Crist gyda mi'n gwylio,
bob dydd a nos.
Duw gyda mi'n gyson,
Yr Arglwydd gyda mi'n arwain,
Yr Ysbryd gyda mi'n cryfhau,
byth bythoedd.

Gweddïau'r Eglwys Geltaidd

❖ Byw bywyd i'w lawnder

Pwy sy'n medru dweud
beth a all ddigwydd mewn diwrnod?

Pâr i mi, Dduw grasol, felly, fyw bob dydd
fel pe bawn yn byw trwy ddiwrnod olaf fy mywyd
oherwydd dichon mai hynny a fydd.
Pâr i mi fyw yn awr
fel y dymunwn fy mod wedi byw pan fyddaf farw.
Caniatâ na fyddaf farw gyda chydwybod euog,
heb edifarhau am unrhyw bechod y gwn i amdano,
ond y'm ceir yng Nghrist,
fy unig Geidwad a Gwaredwr.

Thomas à Kempis

❖ Fy Nghrist!

Fy Nghrist! Fy Nghrist! fy nharian, f'amgylchynwr,
Bob dydd, bob nos, bob goleuni, bob gwyll;
   Fy Nghrist! Fy Nghrist! fy nharian, f'amgylchynwr,
   Bob dydd, bob nos, bob goleuni, bob gwyll;
Bydd agos ataf, bydd gefn i mi, fy nhrysor, fy ngorfoledd,
Yn fy ngorwedd, yn fy sefyll, yn fy ngwylio, yn fy huno.
Iesu, fab Mair! fy nghymorth, f'amgylchynwr,

85

Iesu, fab Dafydd! fy nerth byth bythoedd;
  Iesu, fab Mair! fy nghymorth, f'amgylchynwr,
  Iesu, fab Dafydd! fy nerth byth bythoedd.
                              Carmina Gadelica

❖   **Agor y drws i Dduw**
Arglwydd, ben bore, tyrd ataf.
Agoraf y drws i ti.
Llanw fy mywyd â'th fywyd di.
Gad i mi aros heddiw yn
llifeiriant dy nerth creadigol
ac yn y cariad sy'n bod o oes i oes.
O Dduw, diolch i ti am fy neffro
a'm tywys o orffwys neithiwr
i oleuni newydd heddiw.
I oleuni tragwyddoldeb.
                              Carmina Gadelica

❖   **Dyrchafu a chlodfori Duw**
Dyma wisgo fy hun y bore hwn
â chariad holl bresennol Duw.

Dyma ddilladu fy hun â gras
ac amynedd dy nerth Di.

Dyma ymolchi yn dy lawenydd
fel y gallaf fynd allan i'r byd.

O Dduw, cynnau oddi mewn
fflam dy gariad tuag at fy nheulu,
fy nghymdogion,
fy ffrindiau,
fy ngelynion
o'r peth lleiaf i'r peth mwyaf.
Er mwyn i'th enw mwyaf mawr
gael ei ddyrchafu a'i glodfori.
                              David Adam

❖ **Golcha fi'n lân**

Wrth wynebu heddiw
rho lond llaw o ddŵr ar fy mhen.

Am ysblander gras
rho lond llaw o ddŵr ar fy wyneb.

I wynebu'r treialon
rho lond llaw o ddŵr ar fy nwylo.

Am nerth i wrthsefyll
rho lond llaw o ddŵr ar fy mreichiau.

I gerdded a mynd ymlaen
rho lond llaw o ddŵr ar fy nhraed.

I garu pawb a welaf
rho lond llaw o ddŵr ar fy nghalon.

Golchaist draed dy ddisgyblion,
felly golcha finnau'n llwyr.

Fy nghalon, fy nhraed, fy nwylo,
fy mhen, fy oll i gyd.
Golcha fi'n lân
yn nŵr dy gariad.

Joyce Denham

❖ Deffro i fywyd newydd

Greawdwr annwyl,
deffra fi
i fywyd newydd,
i heddiw o bosibiliadau.
Mae dy ffyddlondeb
mor eang,
mae'n ddyfnach na'r môr,
yn uwch na'r awyr,
yn lletach na'r byd.

Bydd wrth f'ymyl.
Oddi mewn i mi.
Wrth f'ochr.
Heddiw
ac am byth.

Joyce Denham

❖ Derbyn bendith Duw

Bendithia fi heddiw, O Dduw.
Bendithia fy ngwaith a'm gorchwyl.
Bendithia fy ngeiriau, fy meddyliau a'm syniadau.
Bendithia feddyliau fy nghalon a gweithredoedd fy nwylo.
Bendithia bawb a ddaw ar draws fy llwybr,
a'r hyn a glywaf ac a welaf heddiw.

Joyce Denham

❖ Bendithia fi

Y dydd hwn, bendithia'r byd a phopeth sydd ynddo.
Bendithia fy nheulu a'm ffrindiau.
Bendithia'r llygaid yn fy mhen
a'r dwylo a'r traed sydd ar fynd.
O'r eiliad y byddaf yn codi heddiw
i'r eiliad y byddaf yn rhoi fy mhen ar obennydd.
Bendithia fi.

Joyce Denham

❖ Duw yn ben

Haul yn codi,
dydd yn gwawrio.
Goleuni'n trywanu,
niwl yn diflannu.

Dydd yn dilyn nos.
Addewid yn dilyn trafferthion.
Bywyd yn dilyn marwolaeth.
Anadl yn dilyn anadl.

Y byd yn chwyrlïo,
Duw yn bod.
Y ddaear yn troelli,
Duw yn ben.

Joyce Denham

❖ Disgleirdeb Duw

Fy Arglwydd a'm Duw,
      ti yw goleuni'r wawr ar ei thoriad;
      ti yw'r goleuni sy'n ymlid y tywyllwch;
      ti yw goleuni'r haul ganol dydd;
      ti yw fy Nuw, fy Ngheidwad a'm Tad.
O flaen disgleirdeb dy sancteiddrwydd yr ymgrymaf,
ac yn llewyrch dy gariad y dymunaf rodio,
yn awr a phob amser.

John Johansen-Berg

❖ Ceisio presenoldeb Duw

Arglwydd, rho i mi ddyhead a gras,
y dydd hwn a phob dydd,
i geisio dy bresenoldeb,
i ddynesu'n addolgar atat,
i ymgrymu o'th flaen,

i gyfranogi ohonot,
i drigo ynot –
trwy'r dydd a phob dydd:
i dyfu a dwyn ffrwyth ynot,
i rodio wrth dy ochr,
i weithio i ti,
i siarad a gwrando arnat,
i garu gyda thi ac yn ôl dy fesur,
i ymorffwys ynot –
trwy'r dydd a phob dydd:
yn ffyddlon, yn ostyngedig,
yn ddiflino ac yn eiddgar,
y dydd hwn ac am byth.

E. Milner-White

❖ Yn dawel gyda Duw

Bydded tawelwch o'n hamgylch ac o'n mewn;
boed i'r tawelwch fod yn ddwfn ac ystyrlon;
boed i'r tawelwch fod yn ddwys ac iachusol;
boed i'r tawelwch lefaru wrthym am Dduw.

John Johansen-Berg

❖ Goleua fi yn dy wirionedd

Â'th oleuni goleua fi, fel y gallaf ddirnad dy holl wirionedd di.
Dillada fi, dillada fi â thi dy hun, Wirionedd tragwyddol,
fel y gallaf fyw'r bywyd marwol hwn mewn gwir ufudd-dod
ac yng ngoleuni dy ffydd sancteiddiaf.

Catherine o Siena

❖ **Dilyn llwybr Duw**

O Dduw, gwna bob llwybr yn glir i ni.
O Dduw, gwna bob cam yn ddiogel i ni.
Pan fyddwn ni'n baglu, dal ni;
pan fyddwn ni'n syrthio, cod ni ar ein traed;
pan fyddwn wedi'n llethu â drygioni, gwared ni.
Ac arwain ni yn y diwedd i'th
ogoniant tragwyddol.

Carmina Gadelica

❖ **Crist ym mhopeth**

Crist, fy ngoleuni,
goleua ac arwain fi.
Crist, fy nharian,
amddiffyn fi.
Crist oddi tanaf,
Crist drosof fi,
Crist wrth f'ochr,
ar fy chwith ac ar fy ne.
Heddiw bydd o'm mewn ac o'm cwmpas,
yn wylaidd ac yn addfwyn, eto'n gadarn.
Bydd yng nghalon pob un fydd yn siarad efo mi.
Heddiw bydd o'm mewn ac o'm cwmpas,
yn wylaidd ac annwyl, ac eto'n gadarn.
Crist fy ngoleuni,
Crist fy nharian,
Crist wrth f'ochr
ar fy chwith ac ar fy ne.

Celtic Daily Prayer

❖ Duw yn arwain

Boed i dangnefedd Duw fynd gyda thi
i ble bynnag y bydd yn dy anfon.
Boed iddo'th arwain drwy'r anialwch,
dy amddiffyn drwy'r storm.
Boed iddo'th arwain adref gan lawenychu
yn y gogoniannau y mae wedi'u dangos i ti.
Boed iddo'th arwain yn ddiogel
unwaith eto at ddrysau gobaith.

Celtic Daily Prayer

Gwedd**ï**au'r Prynhawn

❖ Cyfrif ein dyddiau

Dysg ni Arglwydd i gyfrif ein dyddiau
fel y dygom ein calonnau i ddoethineb.
Bodlona ni â'th drugaredd
fel y gallwn lawenhau a bod yn hapus weddill ein dyddiau.
Boed i brydferthwch Duw fod yn eiddo i ni,
a sefydla dy waith yn ein dwylo.
Boed i brydferthwch Duw fod yn eiddo i ni.

Celtic Daily Prayer

❖ Y Duw tragwyddol

Paid â gadael i ddim aflonyddu arnat
na dim dy ddychryn.
Mae popeth yn mynd heibio
ond mae Duw yn aros.

Cyfnod rhwng dau begwn.
Y bore wrth edrych ymlaen
i gyffro'r dydd.
A gyda'r nos pan fo'r cyffro
wedi pylu, y blinder yn taro
a'r gwaith wedi'i wneud.
A'r pnawn.
Edrych yn ôl ar gyffro'r bore.
Beth oedd fy nghyfraniad?
Dim i'w ddangos, efallai.
Heb adael fy ôl ar
ddim.
Ond mae cyfle eto cyn noswylio.
Oes 'na rywun fedra i helpu?

Celtic Daily Prayer

❖ O Dad, bendithia

Credaf, O Dduw yr holl dduwiau,
Dy fod yn dragwyddol Dad bywyd.
Credaf, O Dduw yr holl dduwiau,
Dy fod yn dragwyddol Dad pob cariad.

Credaf, Arglwydd a Duw yr holl bobloedd,
Mai ti yw Creawdwr y nefoedd a thu hwnt,
Mai ti yw Creawdwr yr awyr uwchben,
Mai ti yw Creawdwr y cefnforoedd islaw.

O Dad, bendithia fy nghorff.
O Dad, bendithia fy enaid.
O Dad, bendithia fy mywyd.
O Dad, bendithia fy nghred.

The Threshold of Life

❖ Ymdrech ffydd

Gwaith ydi ffydd.
Mae angen ymdrech.
Mae'n rhaid ymdrechu
â'n holl fywyd.
Ac ar y ffordd
bydd Duw yn ein darganfod.

Walter Wangerin

❖ Cariad Crist

Un gair, un goleuni, un person,
un bywyd a garodd i'r eithaf.
A bu'r cariad hwnnw farw.
Y cariad hwn sy'n llosgi o'm mewn i,
i chwilio am Grist
ymhob creadur.
Derbyn y cariad mae'n ei arllwys arnat.
Byw o'r newydd,
fel y gwêl y byd
fywyd Crist ym mywyd dyn.

David Adam

❖ Deffra ni i orfoledd

Deffra ni i orfoledd d'ogoniant
     dywyllwch y nos.
Deffra ni i orfoledd d'ogoniant
     drymder ein calonnau.
Deffra ni i orfoledd d'ogoniant.
  Cryfha ddallineb ein golygon.
Deffra ni i orfoledd d'ogoniant.
  Adnewydda fyddardod ein clustiau.
Deffra ni i orfoledd d'ogoniant.
  Agor y geg sy'n fud.
Deffra ni i orfoledd d'ogoniant.
  Adfywia ynom dy gyffyrddiad.
Deffra ni i orfoledd d'ogoniant.
  Cryfha ynom synnwyr menter.
Deffra ni i orfoledd d'ogoniant.
  Rho i ni brofiad newydd ohonot ti.
Deffra ni i orfoledd d'ogoniant.

David Adam

Gweddïau'r Nos

❖ Cwmni Duw dros nos

Profaist fy nghalon a'm gwylio yn y nos,
chwiliaist fi ond heb gael drygioni ynof.

Salm 17: 3

❖ Myfyrio ar Dduw

Meddyliaf ynof fy hun yn y nos,
myfyriaf, a'm holi fy hunan.

Salm 77: 6

❖ Cofio enw Duw

Yr wyf yn cofio dy enw yn y nos,
O Arglwydd,
ac fe gadwaf dy gyfraith.

Salm 119: 55

❖ Troi at Dduw

Mae hi'n dywyll
ac mae'r nos yn cau amdanom.
Bydded i'n calonnau
orffwyso yn nirgelwch
tangnefedd Crist.
Bydded i ni ddistewi
a throi ein holl
ddyheadau tuag atat ti.

Gweddïau Iona

❖ Hafan trugaredd Duw

Heno, Arglwydd,
rhyddha bawb sy'n dioddef
ar dir a môr,
mewn profedigaeth, wedi'u hanafu
neu'n wylo.
Arwain hwy i hafan dy dangnefedd
y nos hon.

Joyce Denham

❖ Rho i mi dangnefedd

Wrth i mi orwedd yn undod ac unoliaeth y greadigaeth,
rho i mi dangnefedd a gorffwys heno.

The Celtic Wheel of the Year

❖ Mae popeth yn dda

Mae'r dydd wedi darfod.
Mae'r haul wedi machlud
dros y llyn, y bryniau a'r môr.
Gorffwys yn dawel.
Mae popeth yn dda.
Mae Duw yn agos.

Anhysbys

❖ Dyro orffwys

Gwylia, Arglwydd annwyl,
gyda'r rhai hynny sy'n effro,
yn gwylio neu'n wylo heno,
a rho'r rhai sy'n cysgu yng ngofal dy angylion.
Ymgeledda'r cleifion, O Arglwydd Grist;
i'r rhai blinedig, dyro orffwys.

I'r rhai sy'n marw, dyro dy fendith.
I'r rhai sy'n dioddef, dyro esmwythâd.
Tosturia wrth y rhai cystuddiedig.
Gwarchod y rhai llawen
a'r cyfan er mwyn dy gariad di dy hun.

Austin o Hippo

❖ **Popeth yn rhodd gan Dduw**

Arweinydd: Diolch i Ti, O Grist,
Pawb: Am yr holl roddion rwyt ti wedi eu harllwys arnom,
bob dydd a nos, ar fôr a thir
ym mhob tywydd, boed dawel neu frochus.
Arweinydd: Bob nos gawn ni gofio am dy drugaredd
sy'n cael ei gyfrannu mor dyner ac mor hael?
Pawb: Mae popeth a dderbyniwn
yn dod oddi wrthyt ti;
popeth a ddymunwn,
o'th gariad di y daw;
popeth a fwynhawn,
fe ddaw o'th haelioni di;
popeth a ofynnwn,
fe ddaw o'th drefn di.
Arweinydd: O Dduw, ohonot ti y mae popeth yn dod.
Pawb: Rho i ni yn helaeth y nos hon.

Cymuned Iona

❖ **Trig gyda ni**

Trig gyda ni, Arglwydd, am ei bod hi'n awr yn nosi a'r dydd ar ddod i ben; trig gyda ni a chyda holl bobl Dduw. Trig gyda ni yn hwyr y dydd, yn hwyr bywyd ac yn hwyr y byd. Trig gyda ni a chyda dy holl rai ffyddlon, O Dduw, mewn amser a thragwyddoldeb.

Martin Luther

❖ Cymer ni i'th ofal

O Arglwydd ein bywyd, cymer ni, deisyfwn arnat, i'th ofal heno ac am byth. Di olau'r goleuadau, cadw ni rhag tywyllwch mewnol; caniatâ felly inni gysgu mewn tangnefedd fel y gallwn godi i weithio yn ôl dy ewyllys; trwy Iesu Grist ein Harglwydd.

Lancelot Andrewes

❖ Rho imi orffwys

O Dduw, fe wyddost pa mor flinedig ydwyf.
Rho imi orffwys corff a meddwl;
a chryfha fy ymddiriedaeth yn dy gariad.
Maddau imi na chyflawnwyd rhai o'm haddewidion disglair
a wnaed y bore 'ma.
Tyrd â mi'n llawen i ddiwrnod arall a'i gyfleoedd.
Er anrhydedd a gogoniant i ti.

Rita Snowden

❖ Rho fendith lwyr

Wrth fy ngwarchod i
Bydded i'r Tad
Fod drosof fi.
Y Gwaredwr
Boed danaf fi.
Boed yr Ysbryd
O'm hamgylch i.
Y Sanctaidd Dri
Yn f'amddiffyn i.
Cyn daw'r hwyr
Rho fendith lwyr,
Sanctaidd Dri.
Edrych arnaf fi,
Pan ddaw'r nos ddu.
Clyw fy nghri,
Sanctaidd Dri,
Amgylchyna fi.

99

Bydded felly –
Amen i ti,
Sanctaidd Dri
Ynglŷn â mi.

David Adam

❖ Nos da Arglwydd

O Arglwydd, rwyf wedi blino.
Mae bywyd yn anodd a chymaint o densiynau yn ein llethu –
y sŵn a'r berw, y rhuthr diddiwedd,
y galwadau di-sens ar amser dyn a'i egni.
Maddau imi am golli fy nhymer gyda phobl,
ac am fod mor bigog ymhlith fy anwyliaid.

Arglwydd, fe wyddit tithau am flinder,
ond nid oeddit yn rhy flinedig
i fod â chonsyrn am arall.
Daeth Nicodemus atat ar derfyn dydd gwaith,
ac er dy fod wedi blino'n lân,
dangosaist iddo'r ffordd i'r bywyd newydd.
Roeddit ti wedi blino wrth ffynnon Samaria,
ond dangosaist i'r wraig y dŵr bywiol – y bywyd tragwyddol.
Er dy daith flinedig i Jericho, sylwaist ar Sacheus i fyny yn y sycamorwydden.
Mynnaist ei wynebu a gadewaist argraff dda ar ei gydwybod.

Helpa fi i fod yn amyneddgar gyda phobl,
i dderbyn amgylchiadau yn hytrach na'u beio,
i ddysgu'r ddawn i ddisgwyl wrthyt ti.
Helpa fi i ddefnyddio fy mlinder i helpu eraill,
i agor y drws i rywun neu unioni ei lwybr.

Rho imi gwsg, a maddau bob diffyg.
I'th ddwylo di y gorchymynnaf fy ysbryd.
Arglwydd, nos da i ti.

George Noakes

❖ Haul yn machlud

Draw mae'r haul yn machlud
yn bell dros y gorwel.
Mae'r nos yn cau amdanom
a'r golau'n pylu.

Ac eto mi wn
y bydd yr haul yn codi,
yn dringo i'r awyr
bore yfory.

Felly, Dduw annwyl,
bydded i'th gariad
gael ei eni ynof fi.

Celtic Night Prayer

❖ Y Duw sy'n gwarchod

Gwarchod fi heno wrth i'r caddug gau amdanaf.
Gwarchod y rhai rwyf yn eu caru.
Gwarchod y rhai sy'n unig; heb neb, heb ddim.
Cofleidia nhw â mantell dy ddaioni, dy gariad a'th oleuni
y nos hon.

Y sanctaidd Dri
i achub,
i warchod,
i amgylchynu
yr aelwyd,
y tŷ
a'r diriogaeth.
Heno,
y nos hon
a phob nos.

Joyce Denham

❖ Cloi'r drws

Wrth i mi gloi'r drws heno,
Bydded i mi gloi drws drygioni
ar fy aelwyd,
yn fy nghalon,
yn fy ngeiriau
ac yn fy ngweithredoedd.

Wrth i mi gloi'r drws heno,
Bydded i mi gloi cariad Duw tu mewn
ar fy aelwyd,
yn fy nghalon,
yn fy ngeiriau
ac yn fy ngweithredoedd.

Gorweddaf heno yng nghwmni fy Nuw,
a bydd Duw yn gorwedd gyda mi.
Gorweddaf heno yng nghwmni fy Nghrist,
a bydd Crist yn gorwedd gyda mi.
Gorweddaf heno yng nghwmni'r Ysbryd Glân,
a bydd yr Ysbryd Glân yn gorwedd gyda mi.
Duw a Christ a'r Ysbryd
Yn gorwedd gyda mi.

Carmina Gadelica

❖ Y Drindod gyda mi

Crist gyda mi'n cysgu,
Crist gyda mi'n effro,
Crist gyda mi'n gwylio,
Bob dydd a phob nos.

Duw gyda mi'n gwarchod,
Yr Arglwydd gyda mi'n cyfarwyddo,
Yr Ysbryd gyda mi'n cryfhau
Yn wastad ac am byth.

Carmina Gadelica

❖ Tangnefedd y Drindod

Bydded i dangnefedd yr Ysbryd fod yn eiddo i mi heno,
Bydded i dangnefedd y Mab fod yn eiddo i mi heno,
Bydded i dangnefedd y Tad fod yn eiddo i mi heno,
Bydded i dangnefedd pob tangnefedd fod yn eiddo i mi heno,
Bob bore a phob nos o'm bywyd.

Carmina Gadelica

❖ Bendithia fi heno

O Dad, bendithia a chadw fy nghorff,
O Dad, bendithia a chadw fy enaid,
O Dad, bendithia fi heno,
Gorff ac enaid.

Carmina Gadelicu

❖ Y dydd yn dirwyn i ben

Rwy'n diffodd y golau.
Mae'r dydd yn dirwyn i ben.
Mae'r holl feddyliau yn troelli yn fy meddwl.
Esmwythâ fy nghorff a'm meddwl.
Gad i mi gael noson dawel
o gwsg.
A phan ddaw'r bore
bydd fy nghorff yn esmwyth a'm meddwl yn dawel.
Cau dy fantell yn dynn amdanaf.

Celtic Night Prayer

❖ Maddeuant diwedd dydd

Gad i mi adael o'm hôl bob anniddigrwydd,
pob dymuniad annheilwng,
pob meddwl maleisus tuag at fy nghyd-ddynion,
pob petruso rhag ildio fy ewyllys i'th ewyllys di;
er mwyn Iesu Grist fy Arglwydd.

John Baillie

❖ Rho i mi'r gras

Bydd gyda mi pan fwy'n ddistaw a phan fwy'n siarad;
yn ffresni'r bore ac ym mlinder yr hwyr.
Rhoi i mi'r gras ar bob adeg
i lawenhau yn nirgelwch dy gymdeithas –
fy nghalon yn allor a'th gariad di yn fflam.
Na ad fi, O Bresenoldeb grasol.

John Baillie

❖ Cyfarfod gyda Duw

Yn waglaw,
yn y tywyllwch,
heb syniadau,
na delweddau:
rwyf yma'n syml
i gyfarfod â thi heb unrhyw rwystrau,
yn nistawrwydd ffydd,
o'th flaen di, Arglwydd.

Michael Quoist

❖ Aelwyd ein henaid

O Arglwydd Iesu,
tyrd i mewn i aelwyd ein henaid;
ehanga ac adnewydda hi a chysegra hi yn drigfan i ti dy hun,
fel y gallom dy garu a'th wasanaethu â'n holl nerth.

Samuel M'Comb

❖ Fel y mynni, O Arglwydd

Gwna yr hyn a fynni â mi, O Arglwydd,
llunia fi fel y mynni,
newidia fi fel y mynni,
a defnyddia fi fel y mynni,
yn awr ac yn oes oesoedd.

John Baillie

❖ Cael calon ddoeth

Felly dysg ni i gyfrif ein dyddiau,
inni gael calon ddoeth.

Salm 90: 12

Gweddïau ar gyfer pob diwrnod

Dydd Sul – Thema'r diwrnod: Yr Atgyfodiad

❖ Yr atgyfodiad

Ar y dydd cyntaf o'r wythnos, ar doriad gwawr, daethant at y bedd …

Luc 24: 1

❖ Grym yr atgyfodiad

Rwyf am ei adnabod ef, a grym ei atgyfodiad, a chymdeithas ei ddioddefiadau, wrth gael fy nghydffurfio â'i farwolaeth ef, fel y caf i rywfodd, gyrraedd yr atgyfodiad oddi wrth y meirw.

Philipiaid 3: 10–11

❖ Tyrd atom bob un

Arglwydd Iesu Grist,
trwy dy atgyfodiad nerthol
gorchfygaist bechod ac angau
a gwnaethost bob peth yn newydd.

Tyrd atom i'n llenwi â'th fywyd atgyfodedig dy hun,
i'n rhyddhau ni o bob digalondid
ac i'n tanio â gobaith a gorfoledd y Pasg.

Fel y daethost at Mair yn yr ardd
a throi ei dagrau yn llawenydd,
tyrd at bob un sydd mewn trallod,
profedigaeth ac unigrwydd,
a chofleidia hwy yn dy gariad.

Fel y daethost at dy ddisgyblion ar lan y môr,
a throi eu hofn yn hyder newydd,
tyrd at dy Eglwys ac at dy bobl heddiw
a gwna ni'n frwd a gwrol yn ein cenhadaeth.

Fel y daethost at Thomas, yr amheuwr,
a throi ei amheuaeth yn argyhoeddiad sicr,
tyrd at y rhai sy'n teimlo'u ffydd yn wan

a'r rhai sy'n cael anhawster i gredu,
a rho iddynt sicrwydd llawen ynot ti.
    Fel y daethost at y ddau ar ffordd Emaus
a throi eu hanobaith yn orfoledd,
tyrd at y rhai sy'n teimlo'u bywyd yn ddibwrpas
a bydd yn gwmni iddynt ar eu taith.
    Tyrd atom bob un
a thrwy rym dy fywyd atgyfodedig
cod ni o'n gwendid a'n methiant
a rho i ni hyder yn ein ffydd
a gorfoledd yn dy waith.

Seiliedig ar weddi o Iona

❖ Bydd gyda ni

Bydd gyda phawb sydd mewn tywyllwch ac anobaith.
Sefyll gyda ni yng ngrym dy atgyfodiad.
Bydd gyda phawb sy'n wynebu amheuon a threialon.
Sefyll gyda ni yng ngrym dy atgyfodiad.
Bydd gyda phawb sydd ynghanol trybini ac ofn.
Sefyll gyda ni yng ngrym dy atgyfodiad.
Bydd gyda phawb sy'n wael ac yn wan.
Sefyll gyda ni yng ngrym dy atgyfodiad.
Bydd gyda phawb sy'n fregus ac ar gyrion marwolaeth.
Sefyll gyda ni yng ngrym dy atgyfodiad.

David Adam

❖ Tyrd. Ysbryd Duw

Tyrd, Ysbryd Duw, llanw'r bydysawd â goleuni;
Tyrd, Ysbryd Duw, llanw'r blaned â'th gariad;
Tyrd, Ysbryd Duw, llanw'r eglwys â'th lawenydd;
Tyrd, Ysbryd Duw, llanw'r bobl â'th dangnefedd.

John Johansen-Berg

Nos Sul

❖ Caru Duw bob cam o'r daith

Yma trof fy wyneb atat,
Yma agoraf fy nghalon i ti;
Yma penderfynaf gerdded wrth dy ochr,
a'th garu bob cam o'r daith.
Yma mae fy nghalon yn agored
i ti, am byth.

Fe'th garaf ar doriad gwawr
ac ar ganol dydd.
Fe'th garaf gyda'r nos.
Pob dydd o'm bywyd
rhoddaf fy nghalon,
fy mywyd i ti.

Celtic Night Prayer

❖ Y tri sanctaidd

Y tri sanctaidd
i achub
i warchod
i amgylchynu
yr aelwyd
y cartref
heno
a phob nos.

Celtic Night Prayer

Dydd Llun: Duw yn Galw

❖ Clyw fy llef

O'r dyfnderau y gwaeddais arnat, O Arglwydd.
Arglwydd, clyw fy llef; bydded dy glustiau'n agored i lef fy ngweddi.

Salm 130: 1–2

❖ Galwaf ar dy enw

Arglwydd, na fydded cywilydd arnaf pan alwaf arnat.

Salm 31: 17

❖ Ffydd yn Nuw

Trwy ffydd yr ufuddhaodd Abraham i'r alwad i fynd allan
i'r lle yr oedd i'w dderbyn yn etifeddiaeth.

Hebreaid 11: 8

❖ Cyflwyno fy hun i Dduw

Yn y bore cyflwynaf fy hun i ti.
Gwna beth a fynni â mi.

Golygydd

Bore

❖ Y goleuni tragwyddol

Ni ddichon yr holl fyd fy modloni hebot ti,
oherwydd nid oes dim sy'n dirion heb dy diriondeb di;
y mae pob peth yn beraidd i'r sawl sy'n dy garu di,
a phob peth yn chwerw i'r sawl sy'n dy gasáu.

  Gan hynny, dragwyddol Oleuni,
  yr hwn wyt yn oleuach na'r haul,
  disgleiria o'm hamgylch,
  llewyrcha yn fy nghalon,
  glanha a llawenha fy enaid â phelydrau dy ddisgleirdeb,
  er mwyn i mi orfoleddu ynot am byth.

       Thomas à Kempis

❖ Goleuni ffydd

Â'th oleuni goleua fi, fel y gallaf ddirnad dy holl wirionedd di.
Dillada fi, dillada fi â thi dy hun, Wirionedd tragwyddol,
fel y gallaf fyw'r bywyd marwol hwn mewn gwir ufudd-dod
ac yng ngoleuni dy ffydd sancteiddiaf.

    Catherine o Siena

❖ Derbyn gan Dduw

Cyflwynaf fy nghariad i ti, Arglwydd,
a derbyniaf dy lawenydd di.
Cyflwynaf fy llawenydd i ti, Arglwydd,
a derbyniaf dy dangnefedd di.
Cyflwynaf fy nhangnefedd i ti, Arglwydd,
a derbyniaf dy gariad.

    John Johansen-Berg

❖ Duw yn galw

Arglwydd, pam wyt ti'n galw rhai ac nid eraill,
os wyt ti'n Dduw yr holl bobloedd?
Pam y mae rhai yn cael eu dewis i freintiau
a'u neilltuo i waith a thasgau arbennig?
Pam Abraham? Pam Moses?
Pam Jeremeia? Pam Saul o Darsus?
Ond rwyt ti'n galw pobl
nid i safle ond i swydd,
nid i wobr ond i waith,
nid i fod yn ffefrynnau
ond i fod yn gyfryngau yn dy waith yn y byd.
Credwn dy fod yn ein galw ninnau, Arglwydd,
i adael popeth ac i anturio yn nheyrnas Iesu.
I gefnu ar y cyfarwydd
ac i fentro drosot i'r anwybod;
i ganfod llwybrau newydd i'n pererindod,
a dulliau newydd i gyhoeddi'r newyddion da.
Ymrown i gyflawni dy bwrpas.

Worship Now

❖ Maddau i mi

Mae'r amser wedi dod i mi edifarhau
a chyfaddef fy holl gamwri.
Maddau i mi bob bai,
O Grist, yr un trugarog.

Trwy dy ymgnawdoliad,
trwy dy enedigaeth, fy Mrenin gogoneddus,
a thrwy dy Fedydd,
maddau i mi, O Grist, yr un trugarog.

Trwy dy ing a thrwy dy groes,
a'th atgyfodiad o blith y meirw,
maddau i mi, O Grist, yr un trugarog.

Trwy dy esgyniad – yr awr ogoneddus –
i'r Nefoedd, at y Tad.
Cofia dy addewid trosof,
maddau i mi, O Grist, yr un trugarog.

Trwy bobloedd yr holl ddaear
a'r cwmwl tystion
rho i mi, fy Mrenin Gogoneddus,
faddeuant am fy holl gamweddau.

O'r ddegfed ganrif

Nos

❖ Chwilio am Dduw

Tyrd i'm henaid mewn trugaredd fawr, O Arglwydd; meddianna hi a thrig ynddi. Rho i mi dy hunan, oherwydd hebot ti ni all dy holl roddion, na dim ar a wnaethost erioed, fy modloni. Chwilied fy enaid amdanat fyth, a gad i mi ddyfal chwilio nes cael ohonof dydi.

Austin Sant

❖ Pob peth yn hyfryd

Os byddi di, Arglwydd, yn agos ataf,
bydd pob peth yn hyfryd.
Os byddi di ymhell oddi wrthyf,
nid oes dim a ddichon fy niddanu.
Ti sy'n rhoi esmwythdra i'm meddwl
a llawenydd i'm calon;
ti sy'n rhoi i mi gariad perffaith;
ti sy'n rhoi i mi ras i'th foliannu'n ddi-baid.

Carmina Gadelica

❖ Gwrando fy ngweddi

Arglwydd, gwrando ar fy ngweddi,
plyg dy glust tuag ataf.
Boed i'm myfyrdodau a'm gweddïau
ddyrchafu i fyny atat ti.
Tyrd, Frenin y Gogoniant, tyrd heno
i'm gwarchod.
Ti, Frenin bywyd a thrugaredd,
gyda chymorth yr Oen.
Ti, Fab y Forwyn Fair,
gwarchod fi â'th rym.
Ti, Fab y brydferth Fair.

A Celtic Psaltery

❖ Cyfran o drugaredd Duw

Duw uwch fy mhen,
Duw o'm blaen,
Duw sy'n teyrnasu.
Boed i Frenin Nef
roi i mi gyfran o'i drugaredd.

Llyfr Du Caerfyrddin

❖ Tangnefedd heno

Archwilia fi, fy Nuw, i ti gael deall fy mywyd.
Profa fi i wybod fy meddyliau.
Edrych i weld a oes drygioni yn llechu ynof
ac arwain fi tua'r goleuni.
Heno bydd yn oleuni yn y tywyllwch.
Heno bydd yn obaith ymhob trallod.
Heno gad im ymdawelu ymhob pryder.
Bydd yn nerth, yn gysur ac yn obaith.
Boed i dangnefedd yr Ysbryd fod yn eiddo i mi heno.
Boed i dangnefedd y Mab fod yn eiddo i mi heno.
Boed i dangnefedd y Tad fod yn eiddo i mi heno.
Boed i dangnefedd pob tangnefedd fod yn eiddo i mi heno.

Joyce Denham

Dydd Mawrth: Cariad

❖ Dyfnder cariad Crist

Boed i chwi, sydd â chariad yn wreiddyn a sylfaen eich bywyd, gael eich galluogi i amgyffred ynghyd â'r holl saint beth yw lled a hyd ac uchder a dyfnder cariad Crist.

Effesiaid 3: 18

❖ Dirgelwch Duw

Fy nod yw eu calonogi a'u clymu ynghyd mewn cariad, iddynt gael holl gyfoeth y sicrwydd a ddaw yn sgîl dealltwriaeth, ac iddynt amgyffred dirgelwch Duw, sef Crist.

Colosiaid 2: 2

❖ Y Tri sanctaidd gyda ni

Arglwydd, agor ein calonnau i'th gariad
a gwna dy gartref gyda ni.
Dduw y Tad, rwyt ti wedi dangos dy gariad tuag atom, aros gyda ni.
Dduw y Mab, daethost i'n plith, aros gyda ni.
Dduw yr Ysbryd sy'n llenwi'r byd i gyd, aros gyda ni.
Y Tri Sanctaidd, bydd gyda ni, yn awr ac am byth.

Celtic Daily Light

❖ Tyrd i'n plith, Iesu

Iesu, a aned yn ffoadur,
   Tyrd i'n plith.
Iesu, ffrind y tlawd,
   Tyrd i'n plith.
Iesu, ffrind yr alltud,
   Tyrd i'n plith.
Crist, bwyd i'r newynog,

Tyrd i'n plith.
Crist, iechyd i'r claf,
   Tyrd i'n plith.
Iesu, awdur y newyddion da,
   Tyrd i'n plith.
Iesu, ein gobaith,
   Tyrd i'n plith.

Yng ngrym dy bresenoldeb,
Arglwydd, tyrd i aros efo mi.
Yn dy gariad,
Arglwydd, tyrd i aros efo mi.
Yn dy nerth,
Arglwydd, tyrd i aros efo mi.
Yn nhosturi Iesu,
Arglwydd, tyrd i aros efo mi.
Yn llawenydd Iesu,
Arglwydd, tyrd i aros efo mi.
Fel y byddi di ynof fi
a minnau ynot tithau.
Arglwydd, tyrd i aros efo mi.

David Adam

❖ **Ildio'r cyfan i Dduw**
Rydyn ni'n trefnu'n bywydau orau allwn,
  cadw'r Sul a dyddiau gŵyl,
  yn dduwiol a pharchus,
  ein credoau,
  ein dysgeidiaethau,
  ein hathrawiaethau
  a'n moesau.
Y cyfan yn ddiogel. Pob dim wedi setlo.
Ac yna
  ti a dy freuddwydion,

ti a dy weledigaethau,
ti a dy bwrpasau,
ti a dy orchmynion.
Mae dy sancteiddrwydd
yn trywanu, yn procio, yn treiddio,
yn mynnu, yn gorchymyn.
Mae'n rhaid i ni ildio.
Weithiau'n ddigon bodlon,
dro arall yn anniddig ac anfodlon.

Celtic Daily Prayer

❖ **Bydd gyda mi heddiw**

O Dduw, bydd gyda mi
heddiw
a phob diwrnod
ac ymhob ffordd
efo mi ac o'm plaid
a boed i gariad,
trugaredd a thosturi
fod efo mi heddiw.
Y cyfan oll ydw i,
y cyfan fyddaf yn ei gyflawni,
rwyf yn eu rhoi yn dy ddwylo.
Yr holl dreialon,
rwyf yn eu rhoi yn dy ddwylo.
Y rhai rwyf yn gweddïo drostyn nhw,
rwyf yn eu rhoi yn dy ddwylo.
Y rhai rwyf yn gofalu amdanyn nhw,
rwyf yn eu rhoi yn dy ddwylo.
Dwylo, Arglwydd,
Dy rodd i ni.
Defnyddia fy nwylo
i wneud dy waith
yn y byd.

Celtic Daily Light

Nos Fawrth

❖ Cysgu yn dawel

O Grist, Mab y Duw byw,
boed i'th angylion warchod ein cwsg,
boed iddyn nhw wylio tra rydym yn cysgu.

Na foed i frcuddwydion amharu ar ein cwsg,
na hunllefau dywyllu ein breuddwydion,
nac ofnau na phryderon ein llethu.

Gorweddaf yn esmwyth a chysgaf yn dawel
gan roi fy hun yn gyfan gwbl
yn dy ofal di.

Celtic Night Prayer

❖ Goleuni Crist yn agos

Fy Nghrist!
Fy Nghrist!
Fy nharian,
fy amddiffynfa,
bob dydd, bob nos,
ymhob goleuni,
ymhob tywyllwch.
Amgylchyna fi,
boed i'th oleuni fod yn agos
a'r tywyllwch ymhell.

Celtic Night Prayer

Dydd Mercher: Ymlacio yng nghwmni Duw

❖ Tangnefedd Duw

Yr wyf yn gadael i chwi dangnefedd; yr wyf yn rhoi i chwi fy nhangnefedd i fy hun. Nid fel y mae'r byd yn rhoi yr wyf fi'n rhoi i chwi. Peidiwch â gadael i ddim gynhyrfu'ch calon, a pheidiwch ag ofni.

Ioan 14: 27

❖ Cyfyngder fy nghalon

Esmwythâ gyfyngder fy nghalon, a dwg fi allan o'm hadfyd.

Salm 25: 17

❖ Dyheu am Dduw

Yn enw mawreddog Duw
Yn enw achubol Iesu
Yn enw cadarn yr Ysbryd
Dyma ni'n dod.
Dyma ni'n wylo.
Dyma ni'n gwylio.
Dyma ni'n aros.
Dyma ni'n edrych
ac yn dyheu amdanat.

Gweddi Iona

❖ Troi atat o'r newydd

Yng nghariad y Tad
Yng ngoleuni Crist
Yn arweiniad yr Ysbryd
Down atat o'r newydd.
Mewn moliant i'r Creawdwr
ym mhresenoldeb yr Achubwr
ac yn nerth yr Ysbryd.
Dyma ni'n nesáu.

Gweddi Iona

❖ Bydd gyda ni

Bydded i'r Arglwydd fod gyda thi.
Ac efo tithau.
O Dad, bydd gyda ni.

Bydded i'r Creawdwr fod gyda thi.
Ac efo tithau.
O Dad, bydd gyda ni.

Bydded i'r Gwaredwr fod gyda thi.
Ac efo tithau.
Crist, bydd gyda ni.

Bydded i'r Ysbryd fod gyda thi.
Ac efo tithau.
Ysbryd, nertha a chryfha ni.

Bydded i'r Drindod fod gyda thi.
Ac efo tithau.
Arwain ni ar y ffordd.

Mae presenoldeb yr Arglwydd yma.
Mae ei Ysbryd gyda ni.

Does dim rhaid i ni ofni.
Mae ei Ysbryd gyda ni.

Rydym wedi'n trochi yn ei gariad.
Mae ei Ysbryd gyda ni.

Awn ymlaen mewn gobaith.
Mae ei Ysbryd gyda ni.

Llawenychwn mewn ffydd.
Mae ei Ysbryd gyda ni.

Helpa ni i wybod dy fod gyda ni
ar daith bywyd, heddiw ac i'r dyfodol.
              David Adam

Nos Fercher

❖ O Dduw, helpa ni

Helpa ni i ymlacio.
Rhyddha'r tensiwn
sy'n gwneud tangnefedd yn amhosib.
Gwasgara'r ofnau
sy'n ein rhwystro rhag mentro ymlaen.
Chwala'r pryderon
sy'n pylu fy ngolygon.
Tynn oddi wrthyf y gofidiau
sy'n cuddio dy lawenydd.

Helpa fi i ddeall
fy mod gyda thi,
fy mod yn d'ofal,
fy mod yn dy gariad.
Ein bod ni'n un.
Ti a fi.

Celtic Night Prayer

❖ Derbyn ein diolch

Derbyn ein diolch
   am nos a dydd,
am fwyd a chysgod,
   gwaith a gorffwys.
Ti, ein gwestai,
   Aros gyda ni.

Am y ddaear,
   môr a thir,
am y llecyn hwn,
   darn o dir,

am y rhai gyfarchwn
  â llaw a chalon.
Aros gyda ni.

Gwna i'm calon dyfu
  mor fawr ac eang â'th galon di,
fel trwy fy mywyd
  y llewyrcha d'oleuni di.
Boed i'th gariad di
  lenwi fy nghariad i.
Aros gyda ni.

I'r rhai sydd wedi mynd
  a'r rhai sy'n aros,
i'r rhai sy'n dod
  gan ddilyn y ffordd,
bydd di yn westai ac yn arweinydd
  bob dydd a nos.
Aros gyda ni.

Celtic Daily Prayer

❖ **Ti yw'r goleuni**

Ti yw goleuni'r wawr ar ei thoriad,
Ti yw goleuni'r haul ganol dydd,
Ti yw'r goleuni sy'n ymlid y tywyllwch,
Ti yw fy Nuw, fy Ngheidwad a'm Iôr.

John Johansen-Berg

❖ Wrth gysgu heno

Llonydda fi, O Dduw, fel y tawelaist y storm.
Tawela fi, O Dduw, a chadw fi rhag unrhyw niwed.
Boed i'r holl dryblith o'm mewn dewi.
Cofleidia fi, O Dduw, yn dy dangnefedd.

Cwsg heno yn nhawelwch pob tawelwch.
Cwsg heno yn arweiniad pob arweiniad.
Cwsg heno yng nghariad pob cariad.
Cwsg heno yng nghysgod Arglwydd bywyd.
Cwsg heno ym mreichiau Duw y cyfanfyd.

Celtic Night Prayer

Dydd Iau: Heddwch a Chytgord

❖ Dal mewn heddwch gyda phawb

Os yw'n bosibl, ac os yw'n dibynnu arnoch chwi, daliwch mewn heddwch â phawb.

Rhufeiniaid 12: 18

❖ Byw mewn heddwch

Fy mhlant, daliwch afael ar eich addysg, i fyw mewn heddwch.

Ecclesiasticus 41: 14

❖ Heddwch o'n hamgylch

O Dduw o lawer enw,
Carwr pob cenedl,
Gweddïwn am heddwch
Yn ein calonnau,
Yn ein cartrefi,
Yn ein cenhedloedd,
Yn ein byd,
Heddwch dy ewyllys,
Heddwch ein hangen.

George Appleton

❖ Rhoddwr tangnefedd

O Dduw, y Creawdwr a rhoddwr tangnefedd,
Anfon dy dangnefedd arnom heddiw.
Boed i'th dangnefedd fod yn y lle hwn.
Boed i'th dangnefedd lenwi'r dydd heddiw,
Y tangnefedd llwyr na all y byd ei roddi.

Golygydd

❖ Cipolwg ar ogoniant Duw

O Dduw da a grasol,
rho i ni gipolwg o'th ogoniant.
Dwyn ni o gysgodion y nos
i doriad gwawr a goleuni'r dydd
fel y gallwn fyw a bod yn dy gwmni,
Dad, Mab ac Ysbryd Glân.
Oleuni tragwyddol, llewyrcha yn ein calonnau.
Daioni tragwyddol, dwyn ni o afael drygioni.
Grym tragwyddol, bydd yn gefn i ni.
Doethineb tragwyddol, gwasgara dywyllwch ein hanwybodaeth.
Tosturi tragwyddol, trugarha wrthym
fel y gallwn gyda'n calonnau, ein meddyliau a'n crebwyll
chwilio amdanat a dod o hyd i ti
trwy Iesu Grist ein Harglwydd.

Alcuin

❖ Maddau i ni ein beiau

I Ti, O Dad, mae pob calon yn agored.
Maddau ein beiau cudd,
Maddau ein beiau cyson,
Maddau ein beiau disylw,
Ein geiriau
a'n gweithredoedd.
Y pethau sydd heb eu gwneud.
Ein beiau yn ein herbyn ein hunain,
Ein beiau yn erbyn eraill,
Ein beiau yn dy erbyn Di.
A lle'r ydyn ni wedi syrthio'n brin o'th ogoniant
a heb fod yn deilwng o'th alwad Di.

David Adam

❖ Bendith barhaol

Bydded i oleuni'r awyr roi gobaith i chwi,
Bydded i sŵn y moroedd eich symbylu,
Bydded i arogl y ddaear eich amgylchynu â llawenydd,
Bydded i Dduw'r holl greadigaeth
eich bendithio drwy eich holl ddyddiau.

John Johansen-Berg

❖ Ceisio heddwch

Gweddïa am heddwch
Siarada am heddwch
Meddylia am heddwch
Gweithreda am heddwch
A boed i dangnefedd Duw
fod gyda thi.

Golygydd

Nos Iau

❖ **Gofal diogel y Drindod**

Heno rhoddaf fy mywyd i gyd
yng ngofal diogel fy Nuw,
yng ngofal diogel Iesu Grist,
yng ngofal diogel Ysbryd y Gwirionedd.
Y Tri fydd yn f'amddiffyn
a'm cadw heno rhag unrhyw niwed.

Celtic Night Prayer

❖ **Boed i Dduw**

Boed i Dduw f'amddiffyn,
Boed i Dduw lenwi fy mywyd,
Boed i Dduw fy nghadw,
Boed i Dduw wylio trosof,
Boed i Dduw glosio ataf yn ystod oriau'r nos
a minnau glosio yn nes ato yntau,
a'm llenwi â'i gariad.

Celtic Night Prayer

❖ **Ar fy mhen fy hun**

Heno, fel sawl noson,
rwy'n cerdded ar fy mhen fy hun
drwy'r dyffryn tywyll.
Arglwydd, clyw fy ngweddi.
Oherwydd ti'n unig
sy'n gwybod
dirgelion fy nghalon.
Cod fi o ddyffryn anobaith
a gad fi'n rhydd.

Celtic Night Prayer

Dydd Gwener: Y Groes

❖ Codi croes Crist

Os myn neb ddod ar fy ôl i, rhaid iddo ymwadu ag ef ei hun a chodi ei
groes a'm canlyn i.

Mathew 16: 24

❖ Ymffrostio yng nghroes Crist

O'm rhan fy hun, cadwer fi rhag ymffrostio mewn dim ond yng nghroes
ein Harglwydd Iesu Grist, y groes y mae'r byd drwyddi wedi ei groeshoelio
i mi, a minnau i'r byd.

Galatiaid 6: 14

❖ Diolch am Waredwr

Testun diolch a llawenydd yw ein gweddi heddiw,
bod gennym Waredwr yn Iesu Grist.
Diolch am ei fywyd.
Diolch am ei ddysgeidiaeth.
Diolch am ei farw ar y groes.
Diolch am ei atgyfodiad o'r bedd.
Diolch am Waredwr byw.

Yr Enw Mwyaf Mawr

❖ Crist, clyw fy ngweddi

Enaid Crist, sancteiddia fi;
    gorff Crist, achub fi;
    waed Crist, meddwa fi;
    ddwfr ystlys Crist, golch fi;
    ddisgleirdeb wynepryd Crist, goleua fi;
    ddioddefaint Crist, nertha fi;
    chwys wyneb Crist, iachâ fi.

O Iesu da, gwrando fi:
    oddi mewn i'th glwyfau cuddia fi;
    na ad imi gilio oddi wrthyt;
    yn erbyn y gelyn cas amddiffyn fi;
    yn awr marwolaeth galw fi,
    a gorchymyn i mi ddyfod atat fel y caffwyf,
    gyda'th saint a'th angylion, dy foli di'n oes oesoedd.

14eg ganrif

❖ Bod yn bopeth i Dduw

Arglwydd, gwahana fi oddi wrthyf fy hun
    fel y gallaf fod yn ddiolchgar i ti.
Boed i mi ymwrthod â mi fy hun
    fel y gallaf fod yn ddiogel ynot ti.
Boed i mi farw i mi fy hun
    fel y gallaf fyw ynot ti.
Boed i mi gael fy ngwacáu ohonof fy hun
    fel y gallaf fod yn helaeth ynot ti.
Boed i mi fod yn ddim i mi fy hun
    fel y gallaf fod yn bopeth i ti.

Erasmus

❖ Closio at y groes

Closiwn yn nes at y groes a syllwn.
Y gwaed yn llifo a'r chwys yn tasgu,
y llais yn gweiddi a'r bonllefau'n gynddeiriog,
y curo, y chwipio, y rhegi a'r chwerthin.
Tryblith o synau.
Ond clustfeiniwn:
y tosturi, y gofal a'r maddau.
Tosturio wrth y terfysgwyr,
maddau i'r milwyr,

gofalu am ei fam,
a chyflwyno ei hunan i'w Dad.
Yr Iesu hunanfeddiannol,
holl gynhwysol,
yr Iesu rhydd.
Carchar oedd yr ymerodraeth i Pilat,
carchar oedd ei grefydd i Caiaffas,
carchar oedd ei uchelgais i Herod Antipas.
Ond rwyt ti, O Grist, yn ddyn rhydd.
Yma, ar Galfaria, mae'r rhyddid
i'w gael.

Golygydd

❖   Y cyfan i Dduw

Rhoddaf fy hun i ti,
fy oll,
y cyfan sydd ohonof,
fy ngorffennol,
fy mhresennol,
a'm dyfodol.
Rhoddaf fy hun i ti,
mewn llawenydd a thristwch,
mewn iechyd a gwaeledd,
mewn llwyddiant a methiant,
mewn tywyllwch a goleuni,
mewn tryblith a llawenydd,
heddiw, yfory ac am byth.

Celtic Daily Prayer

Nos Wener

❖ Rhannu yng ngogoniant y Tad

Yfaist o gwpan dioddefaint
er mwyn i ni yfed o gwpan llawnder a llawenydd.
Gwisgaist goron ddrain
er mwyn i ni wisgo coron gogoniant.
Derbyniaist gosb marwolaeth ar groes
er mwyn i ni dderbyn trugaredd a maddeuant.
Atgyfodaist ac esgynnaist
er mwyn i ni gael rhannu â thi yng ngogoniant y Tad.

Yr Enw Mwyaf Mawr

❖ Tyrd ataf heno

Heno wrth noswylio
edrychaf arnat yn marw ar y groes.
Daethost i'n byd gan gymryd agwedd a ffurf gwas bach,
gan ymostwng i'r gwaelod,
a rhoi dy fywyd
a chymryd llwybr aberth drud.
Roeddet wedi dy ddiosg o bob gobaith
a phob egni
ac yno roeddet ar dy ben dy hun
ynghanol yr hunllef diystyr hwn
heb obaith o ryddhad o'r artaith
ond fe wnest ti lwyddo i ddatgelu pwy wyt ti:
'Myfi yw'.
Tyrd ataf heno y Crist croeshoeliedig.

Golygydd

❖ Cyflwynaf hwy i Ti

Yr hyn oll ydw i,
Cyflwynaf i Ti.
Yr hyn oll a wnaf,
Cyflwynaf i Ti.
Yr hyn oll a obeithiaf,
Cyflwynaf i Ti.
Fy holl bryderon,
Cyflwynaf hwy i Ti.
Fy holl weddïau,
Cyflwynaf hwy i Ti.
Y rhai oll a garaf,
Cyflwynaf hwy i Ti.

Celtic Night Prayer

❖ Cadw fi, heno

Cadw fi, heno, yn agos atat Ti,
estyn dy law i mi
fel y gallaf gysgu'n esmwyth
a'r holl ofidiau a'r pryderon
wedi diflannu.
Tynn fi'n agos atat
a thyrd i breswylio gyda mi.

Celtic Night Prayer

❖ Crist y groes

O Grist y Groes,
Ti, a brofaist holl boenau teulu'r llawr,
rho i'th bobl sydd mewn angen ymhob man
dy dangnefedd yn eu gofidiau
a nerth i ymgynnal yn eu gwendidau.
O Grist y Groes.

Golygydd

133

Dydd Sadwrn: Adnewyddiad

❖ Bendithio enw'r Arglwydd

Fy enaid, bendithia'r Arglwydd, a'r cyfan sydd ynof ei enw sanctaidd. Ef sy'n fy nigoni â daioni dros fy holl ddyddiau i adnewyddu fy ieuenctid fel eryr.

Salm 103: 1, 5

❖ Yr hyn sy'n dda ac yn dderbyniol

A pheidiwch â chydymffurfio â'r byd hwn, ond bydded ichwi gael eich trawsffurfio trwy adnewyddu eich meddwl, er mwyn ichwi allu canfod beth yw ei ewyllys, beth sy'n dda a derbyniol a pherffaith yn ei olwg ef.

Rhufeiniaid 12: 2

❖ Llanwa'n bywydau

Arglwydd, llanwa'n bywydau
ag aleliwia'r angylion,
hosanna'r nefoedd
a sancteiddrwydd y saint.

David Adam

❖ Y Bugail Da

Bugail y praidd crwydredig,
tywys fi tua'r gorlan,
i'r diogelwch a'r cynhesrwydd.
Plyg fi,
cod fi,
tywys fi adref,
gwarchod fi
a gafael ynof
fel na allaf grwydro.

Celtic Daily Prayer

❖ Y Duw sy'n cynnal

Yn rhythm y llanw mawr a'r trai,
yng nghodiad haul a'r machlud,
yng ngolau'r dydd a thywyllwch y nos
bydd gyda mi.

Galwaf arnat,
i'm cadw rhag pob dolur,
pob loes
a phob drwg.

Galwaf arnat
i'm cadw rhag pob anffawd,
pob trallod,
pob gofid,
i'm cadw y dydd hwn
yn agosrwydd dy gariad.

Bydded i Dduw fy ngwarchod,
bydded i Dduw fy nigoni,
bydded i Dduw fy nghadw,
bydded i Dduw fy ngwylio.

Carmina Gadelica

❖ Ni yw corff Crist

O Grist, rwyt ti'n trigo ymhob un ohonom,
ni yw dy gorff ar y ddaear.
Petai pob eglwys a chapel yn cau ac yn dadfeilio,
ni yw dy gorff ar y ddaear.
Rwyt ti'n nes atom na'n hanadl,
yn nes na'n traed a'n dwylo.
Trwy ein llygaid rwyt ti'n edrych yn drugarog ar y byd.
Tynn ni allan o'n cragen ddiogel,
o'n parchusrwydd honedig

i ferw'r byd lle mae pobl yn gwrthdaro.
I groesffordd ein byd
lle mae anghydfod.
Defnyddia'r corff hwn
i greu byd newydd
sy'n unol â'th obeithion di dy hun.

Neil Paynter

❖ **Trwy Dduw**

Arglwydd

      trwy dy waith y caf ddechreuad,
      trwy dy air y caf fywyd,
      trwy dy farw y caf fy nghadw,
      a thrwy dy atgyfodiad y caf obaith.

John Johansen-Berg

Nos Sadwrn

❖ **Dyheadau fy nghalon**

Ti, Arglwydd, yn unig
a ŵyr beth yw dyheadau fy nghalon
a thi yn unig all ddiwallu
fy holl anghenion.

Celtic Night Prayer

❖ **Profi tangnefedd Duw**

Heno, fel defnynnau'r gwlith
boed i'r Ysbryd ddisgyn arnaf
i'm cynorthwyo a'm dyrchafu,
i'm tawelu a'm distewi
a rhoi i mi amser i brofi'r tangnefedd.

Celtic Night Prayer

❖ **Amgylchyna fi, Arglwydd**

Mae heno fel pob noson
yn llawn o gwestiynau a phroblemau
a chwsg mor bell.
Mae poen a gofid mor agos,
wedi'u pylu ryw ychydig
gan ddigwyddiadau'r dydd.
Rwy'n flinedig ac yn ddryslyd.
Amgylchyna fi, Arglwydd.
Cadw draw bob anobaith a siom.
Tyrd â llewyrch o obaith o'm mewn.
Amgylchyna fi, Arglwydd.
Cadw draw bob chwerwedd.
Boed i mi deimlo
dy bresenoldeb oddi mewn.
A'i deimlo'n cau amdanaf.

Celtic Night Prayer

❖ Adnewydda fi

Gwyddost, O Dduw,
mor sigledig yw ein ffydd,
mor amherffaith yw ein cariad
ac mor ddiffaith yw ein bywyd ysbrydol.
Chwiliwn am y nerth sy'n adnewyddu,
yn bywhau,
yn rhyddhau,
yn ein harwain i fentro.
Heno, wrth fynd i gysgu
rwy'n dyheu am gael f'adnewyddu,
er mwyn i mi
wneud dy waith yn y byd.

Golygydd

Gweddïau'r Tymhorau

Yr oedd fel seren y bore yn disgleirio rhwng y cymylau, neu fel y lleuad ar ei hamserau llawn; fel yr haul yn llewyrchu ar deml y Goruchaf, fel yr enfys yn pelydru'n amryliw yn y cymylau, fel rhosyn yn blodeuo yn y gwanwyn.

Ecclesiasticus 50: 6–8

Dysgwch wers oddi wrth y ffigysbren. Pan fydd ei gangen yn ir ac yn dechrau deilio, gwyddoch fod yr haf yn agos.

Mathew 24: 32

Ac os byddwch yn gwrando o ddifrif ar fy ngorchmynion, yr wyf yn eu rhoi ichwi heddiw, i garu'r Arglwydd eich Duw a'i wasanaethu … , yna byddaf yn anfon glaw yn ei bryd ar gyfer eich tir yn yr hydref … , a byddwch yn medi eich ŷd, eich gwin newydd a'ch olew.

Deuteronomium 11: 13–14

Cod yn awr, f'anwylyd, a thyrd, fy mhrydferth; oherwydd edrych, aeth y gaeaf heibio, ciliodd y glaw a darfu.

Caniad Solomon 2: 10–11

I raddau helaeth bywyd mynachaidd oedd bywyd y Cristnogion Celtaidd cynnar. Byddai'r bobl gyffredin yn dysgu eu credoau a'u traddodiadau Cristnogol oddi wrth y cymunedau mynachaidd lle roedd trefn a rhythm yn cynnal y litwrgi – trefn flynyddol, dymhorol a dyddiol. Y dyddiau hyn mae'r drefn wedi hen ddiflannu a bywyd yn undonog a beichus. Mae rhuthr bywyd heddiw yn creu straen a phwysau ond yn y cyfnod cynnar roedd y patrwm litwrgaidd yn cydnabod rheoleidd-dra a chysondeb ac roedd dyddiau gŵyl yn torri ar yr undonedd. Roedd hwn yn gyfle i adnewyddu'r corff a'r meddwl; cyfle iachusol oedd yn rhoi digon o amrywiaeth.

Y dyddiau hyn mae undonedd bywyd yn orthrwm ac yn faich. Byddai symud cynefin yn rhan o rhythm y Celtiaid, i lawr o'r hafod yn yr haf i'r hendref yn y gaeaf, a chawn yr un symudiad yn yr Alban sef y 'shieling', y symud o borfa'r haf. Dyma'r symudiadau blynyddol o'r tywyllwch a'i ofnau i'r goleuni a'i gynhesrwydd. Yn y gweddïau Celtaidd mae ymdeimlad cryf o'r gwahaniaethau yn rhod y tymhorau.

Gweddïau Cyffredinol

❖ Diolch am y tymhorau

Diolch i ti am y tymhorau,
eu nodweddion a'u harddwch.
Y bywyd newydd a'r addewid o atgyfodiad
yn nhymor y gwanwyn.
Gogoniant a phrifiant
dy greadigaeth yn yr haf.
Aeddfedrwydd a lliwiau amryliw
tymor yr hydref.
Ceinder a gerwinder y gaeaf
a'r gobaith am wanwyn
a bywyd newydd.
Diolch i ti am rod y tymhorau.

Golygydd

❖ Saint y pedwar tymor

Saint y pedwar tymor,
Trown atoch i weddïo,
Boed iddynt ein cadw rhag enbydrwydd.
Saint y pedwar tymor!

Saint y gwanwyn gorfoleddus,
Boed iddynt fod gyda mi
trwy ewyllys a chariad Duw.

Saint sychder yr haf,
Dowch atom i'n hysbrydoli
a'n cefnogi ar y daith.

Saint prydferthwch yr hydref,
Galwn arnoch i glosio atom
i'n cadw ar y daith.

Saint gerwinder y gaeaf,
Cerddwch gyda ni
i'n hysbrydoli ar y daith.

Saint y pedwar tymor,
Down ninnau'n nes atoch er mwyn i chi'n
cynnal drwy'r flwyddyn gron.

Adomnán

❖ **Mawl i Dduw y tymhorau**

Molwch Dduw am yr holl dymhorau,
Molwch ef am y gwanwyn mwyn,
Molwch yr Arglwydd am haf bendigedig,
Adar ac anifeiliaid a phob dim.
Molwch yr Arglwydd, sy'n anfon y cynhaeaf,
Molwch ef am eira'r gaeaf,
Molwch yr Arglwydd, bawb sy'n ei garu ef.
Molwch ef, am yr holl bethau y gwyddom amdanynt.

Susan Cuthbert

❖ **Sancteiddia fy mywyd**

Yma, ar fy mhen fy hun, heb gwmni neb na dim,
maddau fy mhechodau a sancteiddia fy mywyd,
fy nghorff, fy meddwl, fy nghalon, fy enaid.
Boed i'r weddi hon gyrraedd hyd y nefoedd,
gyrraedd atat ti fy Nuw.

Hen Wyddeleg

❖ Popeth yn moli Duw

O Dduw tragwyddol,
mae'r haul yn dy foli.
Y lleuad a'r sêr i gyd.
Y mynyddoedd, yr afonydd a'r llynnoedd,
y moroedd a'r cefnforoedd oll yn dy foli.
Y coed, y blodau gwyllt,
y glaswellt a'r llysiau oll yn dy foli.
Yr adar a'r anifeiliaid gwylltion,
anifeiliaid y fferm a'r anifeiliaid anwes
oll yn dy foli.
Ymunwn ninnau yn y moliant.

Cymuned Iona

Y Gwanwyn

Misoedd: Mawrth, Ebrill, Mai

Fel mae'r gwanwyn yn ymlid y gaeaf, y dydd yn ymestyn, yr hin yn cynhesu ac arwyddion o dwf o gwmpas ymhob man, mae asbri'r trawsffurfio hwn yn rhoi egni newydd i'r corff. Mae'r awydd i ymysgwyd ac i weithredu yn digwydd. Glanhau'r tŷ, meddwl am wyliau, trin yr ardd a thacluso o gwmpas. Mae byd natur wedi deffro. Mae'r adar mudol wedi cyrraedd o berfeddion Affrica. Bydd tinwen y garn, un o adar y mynydd-dir, yn un o'r rhai cyntaf i gyrraedd. Yna o ddechrau Ebrill ymlaen bydd y gwenoliaid yn cyrraedd. Ymhlith y cynharaf o'r rhain mae gwennol y glennydd sy'n nythu yn nhorlan yr afonydd. Ond adar ar eu taith ydi'r rhain, tua'r gogledd. Bydd gwenoliaid y glennydd sy'n nythu yma yng Nghymru yn cyrraedd o gwmpas canol Ebrill. Dyma'r adeg y bydd y rhywogaethau eraill o wenoliaid sef y wennol a gwennol y bondo yn cyrraedd ac erbyn diwedd Ebrill i ddechrau Mai bydd y wennol ddu yn cyrraedd. Ond mae'n bur debyg mai'r aderyn sy'n symbol o ddyfodiad y gwanwyn ydi'r gog. Pan fydd deunod y ceiliog i'w glywed gallwn ymlacio a theimlo fod y gwanwyn yn cau amdanom. Ond gwnewch yn fawr o'i galwad:

Amser y gwcw yw Ebrill a Mai
A hanner Mehefin fe wyddoch bob rhai.

Gan ein bod yn gallu tracio'r cogau erbyn hyn mae wedi'i brofi mai byrhoedlog yw cyfnod y gwcw gyda ni. Erbyn diwedd Mehefin bydd wedi cychwyn ar ei thaith yn ôl i fforestydd y Congo, yng Nghanolbarth Affrica.

Bydd blodau'r gwanwyn yn ffrwydro yn y perthi. Y pyllau yn berwi o benbyliaid. Clychau'r gog yn garped glas ar y gweirgloddiau a lloriau'r goedwig. A chôr y wig yn y bore bach yn arwydd clir fod grym y gwanwyn ar gerdded yn y tir. Mae byd natur ar ei newydd wedd yn croesawu'r Pasg, a grym yr atgyfodiad o gwmpas.

Yn ystod rhai blynyddoedd bydd y Pasg yn disgyn ddiwedd Mawrth. Ers yr wythfed ganrif mae'r Pasg wedi'i bennu ar y Sul cyntaf ar ôl y lleuad lawn gyntaf yn dilyn cyhydnos y Gwanwyn neu Alban Eilir

(Mawrth 21). Felly, fe all y Pasg syrthio ar unrhyw Sul ar ôl Mawrth 21 a chyn Ebrill 25. Mae'r gair Saesneg *Easter* yn deillio o'r enw *Oestre* sef duwies y goleuni a'r gwanwyn. Yn aml iawn darlunnir y dduwies *Oestre* gyda basged wiail yn llawn o wyau. Ymhell cyn i wyau gael eu cysylltu â'r Ŵyl Gristnogol roedd yr wy yn symbol o fywyd newydd. Ysgyfarnog ydi symbol y dduwies *Oestre* a hyn yn ei dro wedi esblygu dros y blynyddoedd yn gwningen y Pasg. Ac mae teisennau'r Groglith neu'r teisennau croes yn cynrychioli pedwar chwarter y lleuad.

Gweddïau'r Gwanwyn

❖ Duw y dechreuadau

Duw y dechreuadau,
mae blwyddyn newydd o'n blaenau,
heb ei dechrau,
gyda'r holl bosibiliadau.
Rho i ni ysbryd anturus
i brofi pethau newydd.
Cofiwn dy fod Di'n cerdded y ffordd efo ni
ynghanol ein llawenydd a'n digalondid.
Llanwa ni â dewrder i gamu ymlaen
ar gamau nesaf ein pererindod
gan gofio dy fod Di efo ni.

Golygydd

❖ Diolch am fywyd newydd

O Dduw, mae cyffro'r gwanwyn o'n cwmpas.
Diolch i ti am fywyd newydd.
Mae'r dydd yn ymestyn a'r hin yn cynhesu.
Diolch i ti am fywyd newydd.
Mae'r adar bach yn canu a'r ŵyn bach yn prancio.
Diolch i ti am fywyd newydd.
Mae'r coed yn deilio a blodau'r gwanwyn yn ymddangos.
Diolch i ti am fywyd newydd.
Mae côr y wig ar ei orau yn y bore bach.
Diolch i ti am fywyd newydd.
Rho gyffro'r gwanwyn yn fy mywyd i.
Diolch i ti am fywyd newydd.

Golygydd

❖ Arglwydd y tymhorau

Arglwydd y tymhorau,
rhown ddiolch iti am ffresni a lliw'r gwanwyn.
Gwthia blagur drwy'r ddaear galed;
ymwisga'r canghennau mewn gwyrdd
a thorri allan yn flodau amryliw.
Bydd galwad y gog yn croesawu'r gwanwyn
wrth i'r gaeaf farw ac i ddŵr fyrlymu o'r bryniau.
Prancia'r anifeiliaid yn llon, wedi eu rhyddhau o'r hirgwsg,
a bydd dinasoedd yn llawenhau yn y gwanwyn
ar ôl hirlwm gaeaf.
Arglwydd y tymhorau,
rhown ddiolch iti am ffresni a lliw'r gwanwyn.

John Johansen-Berg

❖ Duw sydd ym mhob man

Dyheu yr wyf, O Fab y Duw byw, O Frenin byth bythol hen,
am fwthyn cudd diarffordd i fod yn gartref im.

Nant fechan dra glas i fod ar ei bwys,
llyn clir i olchi pechod trwy ras yr Ysbryd Glân.

Coedwig brydferth yn gyfagos, o'i gwmpas ar bob llaw,
i feithrin adar amrylais, a'u cuddio yn ei chysgod.

Tua'r deau i dderbyn gwres, ffrydan ar draws ei dir,
pridd dethol, cymaint ei rin yn lles i bob llysieuyn.

Eglwys hyfryd yn ei haddurn, cartref i Dduw o'r nef,
llewyrch disglair i oleuo llyfr ysgrythur lân loyw.

Digon im o fwyd a dillad, o law'r Brenin cain ei glod,
a chael eistedd yno ennyd – yn un â Duw,
sydd ym mhob man.

Ar Drothwy Goleuni

147

❖ Llonyddwch gyda Duw

Mae f'annedd yn y goedwig fawr, nad edwyn onid Duw,
rhwng ynn a chyll, a hen hen bren uwch ben y lle'r wy'n byw.

Bach, nid rhy fach, fy nhrigfod i, heb rif ei lwybrau ef;
o frig ei do caf rywiog dôn mwyalchen lawen lef.

Afallen – haeled ydyw hi! – fel tŷ a borthai fyrdd: –
llwyn bychan cyll, a'i gnwd o gnau ar lwyth o gangau gwyrdd.

Daw yno adar gwynion, glân, y crŷr a'r wylan dlos,
a chân y gog i'w plith – nid prudd! a'r cywion rhudd o'r rhos.

A llais y gwynt rhag brigau'r coed yn erbyn glas y nef:
a chân yr alarch, cwymp y ffrwd – ddigymar lafar lef!

Di-gyflog weision gorau'r byd sy'n gweini arnaf fi;
yng ngolwg Crist, sydd ieuanc fyth, nid gwaeth wyf i na thi!

Da gennyt ti dy fyd, sydd fwy na golud lawer iawn;
diolchaf innau yn fy nhro i Grist am bob rhyw ddawn.

Heb awr o gad, heb glywed sŵn ymryson yn fy nhre,
mawrhaf yr Arglwydd fry a rydd i minnau lonydd le.
                    Ar Drothwy Goleuni

❖ Cyfnod i fwrw iddi

Maen nhw wedi cyrraedd.
Gwibiodd y glesni fforchog.
Saethau'n trywanu'r awyr
a'u trydar yn codi calon.
Gobaith o ddyddiau gwell.
Ddoe, yr awyr yn dawel
ond heddiw y gwibio a'r trydar.
Nid gwyliau i ymlacio
ond cyfnod i fwrw iddi.

Gwaith.
Atgyweirio'r hen nyth.
Trwsio'r hen aelwyd.
Codi teulu.
Gori, bwydo, tacluso
a hynny o leiaf ddwywaith
os nad deirgwaith
dros y tymor.
A phan fydd yr hin yn oeri,
yr ymborth yn brin
a'r dydd yn tynnu ato,
ffarwelio â'r gwenoliaid.
Codi'n un teulu mawr
'am heulwen y de'.

Golygydd

❖ **Dod yn nes at Dduw**

Duw, yn y canol, tyrd yn nes atom,
a helpa ninnau i ddod yn nes atat ti,
petai'n ddim ond am eiliad.
Wrth i ni gymryd ysbaid o ddigwyddiadau'r dydd.
Boed i ni drysori'r eiliadau hyn ar
derfyn dydd.
Eiliadau y gallwn ddod â phopeth rydym
wedi'u gwneud
a chwilio am ystyr newydd iddyn nhw,
a nerth newydd i'w gwneud.
Ac eiliadau i werthfawrogi dy gymorth parod
yn nigwyddiadau beunyddiol bywyd
pan fo ffydd yn cael ei phrofi i'r eithaf
a thrugaredd yn cael ei droi'n weithred.
Ac fel mae'r diwrnod yn mynd rhagddo,
a'r peryg i ni dy anghofio di,
Os gweli'n dda? wnei di mo'n anghofio ni, O Dduw.

Golygydd

❖ Helpa ni i ddeall

Methu deall.
Sut y gallwn ni ddeall
y prydferthwch ar y naill law
a'r boen ar y llaw arall.
Sut mae cysoni?
Oes 'na batrwm neu bwrpas?

Cododd yr haul,
ffrwydrodd y cochni drwy'r awyr.
Y gwrid yn arwydd o galedi i ddod.
Storm cyn diwedd y dydd
meddai'r hen bobl.
Diflannodd y gwrid
a disgleiriodd yr haul.
Y ddaear ar ei gorau.
Mor gain.
Popeth fel petai wedi'i
greu o'r newydd.
Yn glir fel grisial.
Y cread yn ei ysblander.

Fel mae'r tywyllwch yn cau amdanom
mae'r gwynt yn codi,
y glaw yn dymchwel
a'r cymylau'n marchogaeth yr awyr.
Brigau'r coed a'r blagur ir
yn rhwyfo'n wyllt ryferthwy'r storm.

Tonnau'n lluchio
ac yn torri ar y lan.
A newyddion y bore,
merch ifanc ddeunaw oed
wedi'i lladd.
Cangen wedi syrthio ar ei char.
Arglwydd, sut mae cysoni?

Oes 'na batrwm neu bwrpas?
Cochni awyr y bore
a llwydni awyr y nos.
Un diwrnod – dau begwn.
Helpa ni i weld y patrwm, ein pwrpas
a'n cyfle ni yng ngwead y byd.

Golygydd

❖ **Ffrind y pererinion**

O Dduw, ffrind y pererinion,
mae'n hesgidiau yn llawn o gerrig mân,
ein traed yn gwaedu ac yn swigod
a'n hwynebau wedi'u staenio â dagrau
wrth i ni faglu a syrthio.
Boed i ni wybod am dy bresenoldeb
yn y gwaedu a'r dagrau
ac yn y gwella a'r llawenydd
ar ein taith.

Golygydd

❖ **Arweiniad ar daith bywyd**

Ysbryd byw, ti sy'n arwain a chynnal,
cerdda lwybr anwybod, anhysbys efo ni heddiw.
Heibio i ffiniau'r map lle mae'r arwyddion yn pallu.
Rho i ni ddewrder i dreiddio i'r anwybod.
Cynnal ein golygon i ni weld yn glir.
Cynnal ein cerddediad pan fydd arnom ofn.
Cryfha ein bywyd pan fo'r anorchfygol yn bygwth.
Cynorthwya'n henaid pan fyddwn yn ei hwynebu benben.
Llanwa ni â thrugaredd i gofleidio pawb sy'n ein dychryn.
Argyhoedda ein ffydd mai trwy anturiaeth ddewr
y gallwn ymddiried ynot ti pan fyddwn yn mynd tu hwnt i'r arwyddion.
Cynnau'r fflam yn ein henaid fel y gallwn fyw ein bywyd yn fwy angerddol
a gweld pethau newydd wrth i ni droedio oddi ar y llwybrau
ar ein taith heddiw.

Tess Ward

❖ Gwyrth y gwanwyn

Y dydd yn ymestyn,
eirlysiau'n ymddangos
o ddüwch y ddaear
sy'n dangos gwyrth y gwanwyn.
Ŵyn bach yn prancio'n llon
ar y llechweddau a'r caeau
sy'n dangos gwyrth y gwanwyn.

Anhysbys

❖ Duw yn arwain

Bydded i ddewrder Duw fynd gyda mi ar fy nhaith
pan fyddaf yn gadael porthladd fy sicrwydd.
Bydded i arweiniad Duw fod yn beilot i mi
pan na fydd yr hen fapiau yn ddigonol.
Bydded i gariad Duw fy nghadw
pan fydda i'n teimlo'r peryglon oddi mewn ac oddi allan.
A bydded i ysbryd Duw arwain fy nghalon
ar hyd y daith nes y bydda i'n cyrraedd adref yn ddiogel.

Tess Ward

❖ Bugail y praidd

Bugail y praidd,
bydd yn agos wrth i mi noswylio heno.
Does unman yn y byd y gallaf fynd
sydd tu allan a thu hwnt i'th ofal di.
Bydd yn gefn i mi pan fyddaf yn cychwyn
fel ŵyn bach newydd anedig.
Bydd gyda phob un sydd heno'n teimlo ar goll,
yn unig ac yn ddigalon.
Chwilia amdanyn nhw a'u cadw o ddistryw.
Bydded iddynt gael eu darganfod o'r newydd
lle bynnag y maen nhw.
Arwain fi i lonyddwch a distawrwydd
wrth i mi roi fy mhen ar obennydd
y nos hon.

Tess Ward

❖ Cwmni ar y daith

Tyrd, cerdda gyda mi heddiw.
Golch fy nhraed cyn i mi gychwyn ar fy nhaith
a dysga fi sut i wasanaethu.
Rho fara yn fy llaw heddiw gan fod arnaf angen bwyd ar fy nhaith.
Rhanna gwpan dy ryddhad fel y gallaf rannu yn dy faddeuant.
Cadw fi'n agored i onestrwydd a rho nerth i mi ddweud fy nweud.
Os byddaf yn methu ac yn syrthio, dangos i mi ffordd yn ôl.
Boed i'r trugaredd fyddaf yn ei dderbyn fy ngwneud yn fwy trugarog,
y ddealltwriaeth rwyt ti'n ddangos i mi, yn fy helpu i ddeall.
Cadw fy llygaid cysglyd yn effro i'r anghyfiawnder
sy'n digwydd o'm cwmpas.
Cofia amdana i drwy'r dydd,
hyd yn oed pan na fydda i yn cofio amdanat ti.
O, yr un ffyddlon a chyson, cadw lygaid arna i ar y daith heddiw.

Tess Ward

❖ Curiad calon bywyd

Curiad calon bywyd,
cura drwy bopeth a wnaf heddiw.
Cura drwy fy nhraed
wrth i mi droedio'r ddaear.
Cura drwy fy nghoesau
fel y gallaf fynd yr ail filltir gyda chyd-deithiwr.
Cura drwy fy nwylo
fel y gallaf gyffwrdd gyda rhyfeddod ar bopeth rwyt ti wedi'i greu.
Cura drwy fy nghalon
fel y gallaf deimlo cydberthynas â phopeth byw.
Cura drwy fy nghorff
fel y gallaf barchu yr hyn rwyf yn ei gymryd yn ganiataol.
Curiad calon bywyd,
cura drwy'r byd a minnau'n rhan ohono
pan wyf yn cymryd y cam cyntaf heddiw.

Tess Ward

❖ Rho i mi dangnefedd

Wrth i mi orwedd yn undod ac unoliaeth y greadigaeth
rho i mi dangnefedd a gorffwys heno.

Tess Ward

❖ Popeth newydd

Diolch,
am ddiwrnod newydd,
am wanwyn newydd,
am obaith newydd.
Arwain ni ymlaen ar y daith.

Golygydd

❖ Cerddoriaeth y byd

Diolch i ti am y rhodd o gerddoriaeth y byd o'n cwmpas.
Cân yr adar yn y bore bach.
Côr y wig.
Synau'r pryfed o gwmpas y blodau cynnar.
Y wenynen yn casglu'r neithdar
a'r cacwn yn suo o flodyn i flodyn.
Gad i ni lonyddu.
Gwrando.
A phrofi'r tangnefedd o'n cwmpas.

Golygydd

❖ Gwanwyn newydd ffydd

Fel y mae'r meysydd yn wyrdd gyda dyfodiad y gwanwyn,
Fel y mae'r coed yn cael eu dilladu o'r newydd mewn toreth o ddail,
Fel y mae'r planhigion yn gwthio trwy gramen y ddaear
gyda bywyd newydd,
Felly boed i Dduw roi i chwi wanwyn newydd ffydd.

John Johansen-Berg

❖ Y Drindod sanctaidd yn ysbrydoli

Rhodded Duw i chwi oleuni
ar eich ffordd fel pererinion.
Rhodded Duw i chwi fiwsig
ar eich ffordd fel disgyblion.
Rhodded Duw i chwi arweiniad
drwy ddryswch pob penderfyniad.
Bydded i'r Drindod Sanctaidd
eich ysbrydoli â nerth ac â gobaith.

John Johansen-Berg

❖ Gwanwyn wrth y drws

I dywyllwch ein byd
ymddengys yr eirlysiau,
bendith o obaith a chysur,
symbol o gariad adnewyddol Duw.
Tyrd i'n paratoi ar gyfer y gwanwyn.
Boed i'r canhwyllau gwyn
ddangos fod y gwanwyn tymhorol wrth y drws
a rhoi gobaith o ddyddiau
gwell yn ein heneidiau.

Kate McIlhagga

❖ Mwynhau prydferthwch byd Duw

O Dduw,
gwelaf dy ôl yn amrywiaeth ac amlder y lliwiau
ym mhetalau a sepalau'r blodau,
yn sawr yr aroglau
ac yng ngheinder eu gwneuthuriad.
Rho i ni lygaid i weld
ac i fwynhau'r cyfan.

Golygydd

❖ Prydferthwch dy fyd

Heddiw,
gwelaf yr aderyn â gwellt yn ei big,
gwelaf yr ysgyfarnogod yn ymosod ar ei gilydd,
gwelaf yr addewid yn y blagur ar y coed,
gwelaf wyrddni'r glaswellt yn ymddangos,
clywaf gôr y wig yn y bore bach
ac aroglaf y glaswellt ar y lawnt.
Mae'r Cennin Pedr yn dawnsio yn yr awel
a'r cyfan yn ernes o brydferthwch dy fyd.

Golygydd

❖ Grym y gwanwyn

Molwn Ysbryd y trawsffurfio.
Fel mae'r dydd yn ymestyn
a chynhesrwydd yr haul yn esgor ar
fywyd newydd.
Rho rym y gwanwyn yn fy enaid i.
Grym y chwyldro.
Grym y trawsnewid.
Grym y bywyd newydd.
Molwn Ysbryd y trawsffurfio.

Golygydd

❖ Arglwydd y gwanwyn

Edrychwn ymlaen i wanwyn arall.
Y gwanwyn ysbrydol.
Mae hi wedi bod yn aeaf hir a llwm.
Mae'r gaeaf wedi cael gafael ynom.
Mae wedi'n llethu a'n blino.
Dyro i ni obaith am ddyddiau gwell,
am fywyd newydd, am obaith newydd.
Arglwydd y gwanwyn,
rho i ni'r dyhead am dy
wanwyn di o'n cwmpas.

Golygydd

Haf

Misoedd: Mehefin, Gorffennaf, Awst

Dyma ddod at fisoedd y tywydd braf a'r tyfiant mwyaf cynhyrchiol. Bydd Troad y Rhod neu Alban Hefin, sef dydd hwyaf y flwyddyn, ar yr 21 a Gŵyl Ifan ar y 24 o Fehefin. Mae hi'n gynhesach erbyn hyn a nerth y goleuni yn gryfach ac yn para o 4.30 i 5 o'r gloch y bore hyd 10 o'r gloch y nos. Mae'r caeau a'r gweirgloddiau'n garped o liwiau blodau'r haf a sŵn gwenyn yn suo wrth gasglu neithdar o flodyn i flodyn. Mae'r coed i gyd erbyn hyn wedi deilio ond dyma ddechrau'r cyfnod pan fydd yr adar yn dechrau distewi. Mae cystadleuaeth y gwanwyn o geisio sefydlu tiriogaeth a denu cymar drosodd a'r cyfnod magu wedi dirwyn i ben. Mae lliwiau llachar y ceiliogod yn pylu ac yn esgor ar y cyfnod o fwrw'u plu er mwyn cael rhai ysblennydd ar gyfer tymor yr hydref a'r gaeaf i fynd ati eilwaith i sefydlu tiriogaeth a denu cymar. Swatio'n ddistaw yn y llwyni mae'r adar yn ystod tymor yr haf i atgyfnerthu ar ôl prysurdeb y gwanwyn. Bydd yr adar mudol, fel y gog, yn cychwyn ar eu taith yn ôl i gyfandir Affrica. Ond mae'r wennol, ar y llaw arall, yn dal ati i fagu a droeon gellir gweld nythaid o gywion ganol mis Medi! Er nad yw'r adar yn canu mae'r pryfed yn sŵn i gyd – y gwenyn, y cacwn, suo y mân bryfed a sŵn hudol sioncyn y gwair.

Ymysg hen ddathliadau'r Celtiaid paganaidd roedd Troad y Rhod ymhlith un o'r wyth o'r prif wyliau. Fel y gwyddom dethlir yr ŵyl hon heddiw gyda chriw yn mynd i Gôr y Cewri i weld yr haul yn codi. Dri diwrnod yn ddiweddarach cynhelid gŵyl Gristnogol, Gŵyl Ifan ar y 24 o Fehefin. Gŵyl oedd hon i ddathlu pen-blwydd Ioan Fedyddiwr. Yn yr hen ddyddiau byddai coelcerthi'n cael eu cynnau a hynny er mwyn ceisio atgyfnerthu grym yr haul oherwydd ar ôl y cyfnod hwn byddai ei nerth yn pylu a'r dyddiau'n dechrau byrhau.

Yn yr hen ddyddiau mis cynaeafu'r gwair oedd mis Gorffennaf. Fel mae enw'r mis yn darogan mae hi'n ddiwedd, 'gorffen' haf. Mae'r tyfiant wedi cyrraedd ei anterth ac mae'n bryd cynaeafu a chario'r gwair i'r sgubor er mwyn paratoi at lymder y gaeaf. Ac yn ystod y mis hwn mae arwyddion hydrefol yn amlygu'u hunain – bydd y goeden griafol yn llawn o aeron coch.

Gweddïau'r Haf

❖ Gweld Duw yn y greadigaeth

Fel y lluniwyd llaw i afael a llygad i weld,
fe'm lluniaist i lawenydd.
Rho i mi'r weledigaeth o'th ddarganfod ymhobman;
yn harddwch y fioled wyllt;
yng nghân yr ehedydd;
yn wyneb dyn cadarn;
yng ngwên mam;
ym mhurdeb Iesu.

O'r Gaeleg

❖ Tangnefedd dwfn

Tangnefedd dwfn y Don sy'n rhedeg fo i Ti,
Tangnefedd dwfn yr Awyr sy'n llifo fo i Ti,
Tangnefedd dwfn y Ddaear dawel fo i Ti,
Tangnefedd dwfn y Sêr disglair fo i Ti,
Tangnefedd dwfn Mab tangnefedd fo i Ti.

Gweddi Wyddelig draddodiadol

❖ Y Duw sy'n creu'r cyfan

Myfi yw'r gwynt sy'n anadlu ar y moroedd.
Myfi yw'r don ar y cefnfor.
Myfi yw'r murmur ar y don.
Myfi yw'r fwltur ar y creigiau.
Myfi yw pelydr yr haul.
Myfi yw'r eog yn y dyfroedd.
Myfi yw haul yr haf.
Myfi yw'r Duw sy'n creu'r cyfan.

Amergin

❖ Duw y Creawdwr, maddau inni

Duw y Creawdwr,
maddau ein munudau o ddifaterwch
a'r dallineb ysbrydol sy'n ein rhwystro
rhag gwerthfawrogi ysblander dy fyd ar yr
adeg hon o'r flwyddyn.
Y cynhesrwydd,
y goleuni,
y blodau,
y pryfed,
bwrlwm bywyd.
Duw y Creawdwr,
diolch i ti.

Golygydd

❖ Trysori'r byd

Y byd,
Dy greadigaeth
wedi'i rolio'n grwn
a'i lapio mewn heulwen.
Wedi'i roi i ni
i ofalu amdano,
ei warchod
a'i drysori.
Diolch i ti.

Anhysbys

❖ Gweld ôl llaw y Creawdwr

Fel mae haul yr haf yn machlud,
y dydd yn byrhau a'r hin yn oeri,
ehediad y gwenoliaid a llewyrch y lleuad.
Gwelwn ôl llaw y Creawdwr.

Fel mae dail yn dechrau crino,
niwloedd y bore, y ddaear yn oeri,
y ffrwythau'n ymddangos a chusan gyntaf y barrug.
Gwelwn ôl llaw y Creawdwr.

Anhysbys

❖ Creawdwr y cyfanfyd

Ti, O Dduw, Creawdwr y cyfanfyd,
Ti sydd wedi anadlu'r byd hwn i fodolaeth,
edrychwn ar geinder adenydd y glöyn,
      gerwinder y mynyddoedd,
      ysblander y dyffrynnoedd,
      llonyddwch y llynnoedd.
      Diolch am yr haf
      sy'n ein hatgoffa
      fod dy anadl greadigol
      yn dal yn fyw ac yn weithredol.
Diolch am gynhesrwydd dy gariad
      sy'n cynnal ein byd,
      dy ardd di.

Anhysbys

❖ Dechrau'r haf

Dechrau'r haf yw'r adeg harddaf:
Llafar yw'r adar, glas yw'r gwlŷdd,
Yr ereidr yn y rhych, yr ych dan yr iau,
Gwyrdd yw'r môr, brithir y tiroedd.
Pan gano'r cogau ar frig y coed hardd
Mwy fy nhristwch.
Poenus yw mwg, hysbys yw diffyg cwsg
Oherwydd i'm cyfeillion ddarfod.
Gofynnaf am rodd, na'm gwrthoder:

Sef tangnefedd rhyngof i a Duw.
Bydded i mi ffordd i borth y gogoniant;
O Grist, na foed i mi fod yn drist yn dy gynulliad.

Llyfr Du Caerfyrddin

❖ **Diolch am lawnder bywyd**

O Dduw, mae ysblander yr haf o'n cwmpas.
Diolch i ti am lawnder bywyd.
Mae goleuni a chynhesrwydd yr haf yn ein llonni.
Diolch i ti am lawnder bywyd.
Mae'r caeau a'r gweirgloddiau yn fwrlwm o fywyd.
Diolch i ti am lawnder bywyd.
Mae suo'r trychfilod a lliwiau'r gloÿnnod yn rhyfeddol.
Diolch i ti am lawnder bywyd.
Rho egni'r haf yn fy mywyd i.
Diolch i ti am lawnder bywyd.

Golygydd

❖ **Lliwiau'r haf**

O'n cwmpas mae môr o liwiau.
Diolch i ti, O Dduw.
Sbectrwm disglair yr enfys wedi'r gawod,
aur a chochni'r wawr a'r machlud,
gwyrdd emrallt y caeau,
brown cyfoethog y pridd,
glas cobalt yr awyr,
amrywiaeth o liwiau'r blodau,
a glesni trwm y cefnforoedd.
Ti'r Arlunydd dawnus sydd wedi defnyddio dy balet
i greu byd prydferth ar ein cyfer.

Jenny Child

❖ Gofalu am fyd Duw

Duw y Creawdwr, byd da a phrydferth
wyt ti wedi'i greu.
Ond rydym ni wedi'i hagru
gan ein trachwant, ein hymelwa a'n difaterwch.
Maddau i ni, a gwna ni'n ymwybodol o'n cyfrifoldeb
i warchod a chadw.
Boed i ni ddiogelu ac amddiffyn
a gofalu'n dyner am yr amrywiaethau a'i freuder.

Golygydd

❖ Goleuni'r byd

Arglwydd y goleuni, ti sy'n goleuo'n byd
gyda phelydredd dy bresenoldeb –
goleuni'r haul,
llewyrch y sêr,
goleuni'r dydd,
golau'r lleuad,
golau'r tân,
golau'r gannwyll,
golau'r trydan.
Oll yn ein hatgoffa mai ti yw Goleuni'r Byd.

Golygydd

❖ Nerth Duw

Heddiw, ynghanol ysblander dyddiau'r haf,
gad i mi feddwl am broblemau eraill
yn hytrach na'm rhai fi fy hun.
Bydd gyda phawb heddiw fydd yn wynebu poen, gofid a galar.
Boed iddyn nhw deimlo dy bresenoldeb yn eu nerthu.
Gad iddyn nhw ddarganfod fod dy nerth di yn cael ei
amlygu yn eu gwendid.

Golygydd

❖ Diolch am fy nghreu

Am y rhodd o ddiwrnod newydd, diolch i ti.
Am noson o gwsg, diolch i ti.
Am brydferthwch codiad haul,
ar fore braf o haf, diolch i ti.
Am dangnefedd machlud haul,
ar nos braf o haf, diolch i ti.
Am rod y tymhorau a'u nodweddion, diolch i ti.
Am amrywiaeth y cread, diolch i ti.
Am dy roddion i ni, diolch i ti.
Am fy nghreu, diolch i ti.

Golygydd

❖ Rhannu heddwch

Boed i chwi rannu heddwch y môr dwfn, tawel,
Boed i chwi rannu heddwch y goedwig ddofn, ddistaw,
Boed i chwi rannu heddwch tawelwch mewnol y cyfrinydd,
Boed i chwi rannu heddwch y Tri bendigaid
I dragwyddoldeb.

John Johansen-Berg

❖ Duw yn siarad drwy natur

Aruthredd y mynyddoedd
heb eu cyffwrdd gan ddwylo dyn
yn ymddangos fel y creodd Duw nhw.
Yr awyr amryliw fel mae'r haul
yn machlud dros orwel y gorllewin.
Rwyt ti, O Dduw, yn dal i siarad drwy natur.

Cymuned Iona

❖ Diolch am yr haf

Diolch iti, Dduw, am rinweddau haf.

Dyddiau haf, yn boeth a diog, a murmur gwenyn

ac amrywiol alwadau llu o adar,

y cnydau'n ysblennydd yn y meysydd

a'r ffermwyr yn brysur o gwmpas eu gwaith.

Rhedodd y nentydd yn sych; llosgwyd y rhosydd yn gols;

a'r mwyalch yn ddiwyd yn y llwyni.

Diolch iti, Dduw'r nefoedd a'r ddaear,

am harddwch a gwres yr haf.

John Johansen-Berg

❖ Diolch am fendithion yr haf

Diolchwn i ti O Dduw

am iechyd i fwynhau bwrlwm yr haf.

Am nerth i gyflawni'n gwaith o ddydd i ddydd.

Am gyfle i fwynhau gwyliau'r haf

a chyfle i atgyfnerthu'n gorfforol.

Diolchwn i ti am fendithion y tymor hwn.

Golygydd

Hydref

Misoedd: Medi, Hydref, Tachwedd

Dyma dymor y ffrwytho a chrynhoir y tymor yng ngeiriau Eifion Wyn:

> Croeso Medi, fis fy serch,
> Pan fo'r mwyar ar y llwyni,
> Pan fo'r cnau'n melynu'r cyll,
> Pan fo'n hwyr gan ddyddiau'n nosi.

Ar ddechrau'r tymor mae'n amser mynd ati i 'hel mwyar duon' a chasglu'r afalau cyn i stormydd canol y tymor ddod a'u hyrddio i'r llawr. Mae'r coed cyll yn llawn o gnau a'r derw yn llawn o fes. O gwmpas yr 22 o Fedi bydd oriau'r dydd ac oriau'r nos yr un faint – y Cyhydnos neu Alban Elfed. Yn hanes yr hen Geltiaid cyn-Gristnogol roedd hwn yn achlysur pwysig. Byddid yn arfer cynnau coelcerthi a chynnal defodau i atgyfnerthu'r haul a hynny ar gyfer y cynhaeaf ŷd oedd ar gychwyn. Erbyn heddiw cynhelir gŵyl Fathew (neu Lefi) ar yr 21 o Fedi, sef un o ddisgyblion Iesu, y bradwr oedd yn casglu trethi i Rufain a ddaeth dan gyfaredd Iesu ac ymateb i'w wahoddiad.

Yn ystod mis Medi bydd Lleuad Fedi neu Lleuad Naw Nos Olau yn ymddangos (sef y lleuad gyntaf ar ôl y cyhydnos). Mae'r enw 'naw nos olau' yn dod o'r ffaith y byddai goleuni'r Lleuad Fedi yn ddigon cryf i hwyluso'r gwaith o gynaeafu am y pedair noson cyn ac ar ôl y lleuad llawn sy'n gyfanswm o naw noson. Byddai'n arferiad mynd i gopa'r Wyddfa yn ystod Lleuad Fedi i weld y wawr yn torri.

Ar y 29 o Fedi dethlir Gŵyl Fihangel a nodwedd yr ŵyl hon erbyn hyn yw cyfnod o dywydd braf a thyner – Ha' Bach Mihangel.

Erbyn mis Hydref bydd y tywydd yn dechrau oeri, y coed yn bictiwr o liwiau cynnes a mwy o ddail ar y llawr nag ar y canghennau. Mae'r ddaear fel petai'n llonyddu a phob man yn edrych yn farwaidd a difywyd. Dyma adeg y gwyliau diolchgarwch ac ar ddiwedd y mis daw Noson Calan Gaeaf. Hon oedd un o brif wyliau yr hen Geltiaid gan mai dyma adeg diwedd yr hen flwyddyn a dechrau blwyddyn newydd.

Llwyddodd yr eglwys Gristnogol i ddileu'r hen grefyddau Celtaidd ac felly symudwyd Gŵyl yr Holl Saint o fis Mai i'r cyntaf o Dachwedd a hynny gan y Pab Grigor OC 835 a chynhaliwyd Gŵyl yr Holl Eneidiau ar yr 2 o Dachwedd. Erbyn dechrau Tachwedd mae cyfnod y troi clociau wedi digwydd a gafael y gaeaf yn brathu. Mae mwy o adar yn dod i'r gerddi ac yn dibynnu arnom ni am gynhaliaeth. Bydd adar mudol y gogledd wedi'n cyrraedd, yr hwyaid a'r elyrch a heidiau o deulu'r bronfreithod – y coch dan adain a'r socan eira. Dyma'r adar llwglyd fydd yn mynd ati i wledda ar yr aeron ar y coed.

Gweddïau'r Hydref

❖ **Y Duw cadarn**

Fel y mae'r glaw yn cuddio'r sêr,
a niwloedd hydref yn cuddio'r llethrau
a'r digwyddiadau yn fy mywyd yn cuddio
dy wyneb oddi wrthyf.
Eto, os gallaf afael yn dy law
yn y tywyllwch, mae hynny'n ddigon.
Rwyf yn gwybod hynny, er y byddaf o dro i dro
yn llithro a baglu ar y ffordd.
Ond y cysur yw nad wyt ti ddim yn syrthio.

Celtic Daily Prayer

❖ **Diolch am harddwch bywyd**

O Dduw, mae prydferthwch yr hydref o'n cwmpas.
Diolch i ti am harddwch bywyd.
Mae'r coed a'r llwyni yn eu mentyll amryliw.
Diolch i ti am harddwch bywyd.
Mae'r adar mudol ar eu ffordd i wledydd eraill.
Diolch i ti am harddwch bywyd.
Mae'r anifeiliaid bach yn llonyddu a rhai'n mynd i gysgu.
Diolch i ti am harddwch bywyd.
Rho brydferthwch a cheinder yn fy mywyd i.
Diolch i ti am harddwch bywyd.

Golygydd

❖ Galwn arnat

Galwn arni'n awr i rodio glan yr afon,
Brid Iwerddon, Ffraid Cymru, y Santes, yr un euraid,
sy'n torri'r iâ, ag un llaw, ac yna'r ddwy,
nes rhyddhau'r afon i lifo i adeg hau,
adeg aeddfedu, adeg medi.
Cyfarchwn hi o'i llannau a'i ffynhonnau,
o draeth oer y môr ac o drothwy ffermydd y mynydd,
â'r llef oesol,
'Mae Ffraid wedi dod! Croeso i Ffraid!'

Galwn arnat, santes y tân,
nawddsantes y das fawn,
tyrd atom ni lle y penliniwn wrth yr aelwyd.
Rho wres mwyn y tân
i ni ac i'n ceraint, fel dwylo mam yn ymestyn
i gydio yn ein dwylo ni,
fel breichiau mam yn ein cysgodi.
Bydd yng nghanol y tŷ,
bydd yn dân mamol
yng nghanol y tŷ.

Ar Drothwy Goleuni

❖ Grym yr hollgyfoethog Dduw

Beth sy'n gwneud i'r haul godi?
    Grym yr hollalluog Dduw.
Beth sy'n gwneud i'r had dyfu?
    Grym yr hollalluog Dduw.
Beth sy'n gwneud i'r gwynt chwythu?
    Grym yr hollalluog Dduw.
Grym yr hollalluog Dduw, gwarchod ni.
Cariad Duw, arwain ni.
Ysbryd Duw, nertha ni.
Nertha'r greadigaeth gyfan.

David Adam

❖ Y Duw sy'n rhoi

Rhodded Duw fara i chwi
i ddiwallu eich newyn.
Rhodded Duw ddŵr i chwi
i dorri eich syched.
Bydded i'r Duw a roddodd ei Fab
gynnig i chwi iachawdwriaeth.
Rhoi i chwi ei Ysbryd
i'ch galluogi i'w wasanaethu.

John Johansen-Berg

❖ Bydded i'r Arglwydd eich arwain

Bydded i'r Arglwydd a ddug drefn o anhrefn,
Bydded i'r Arglwydd a greodd nefoedd a daear,
Bydded i'r Arglwydd a ffurfiodd foroedd a dyfroedd
Eich arwain a'ch cynnal yn awr a byth.

John Johansen-Berg

❖ Llaw Duw yn symud

Yn symudiadau'r cymylau, y sêr a'r planedau
  gwelwn dy law di'n symud, Arglwydd Dduw.
Yn symudiadau'r afonydd, y llynnoedd a'r moroedd
  gwelwn dy law di'n symud, Arglwydd Dduw.
Yn symudiadau'r galon, y gwaed a'r embryo
  gwelwn dy law di'n symud, Arglwydd Dduw.
Yn symudiadau yr enaid o'r ddaear i dragwyddoldeb
  gwelwn dy law di'n symud, Arglwydd Dduw.

John Johansen-Berg

❖ Diolch i Ti

Am yr addewid o'r cynhaeaf
yn yr hedyn bach.
Diolch i ti.
Am y dderwen braff
yn gwreiddio o'r fesen.
Diolch i ti.
Am y bara beunyddiol
yn chwyddo o'r toes.
Diolch i ti.
Am yr afal blasus
yn tyfu o'r hedyn.
Diolch i ti.
Am ddirgelwch byd natur
wedi'i lapio'n barod
i ni ei hau.
Diolch i ti.

Anhysbys

❖ Diolch am yr hydref

Arglwydd,
gwelwn y coed wedi eu gwisgo'n wych yn gynnes-goch,
yn felyn aur, llwytgoch a choch llachar.
Gwelwn y gweunydd yn troi'n hydrefol
a chlywn gân yr adar yn simffoni.
Diflannodd gwres yr haf
ond yn y myllder mae natur yn gwisgo gwisg yr hydref.
Rhown ddiolch a chlod iti, Dduw'r greadigaeth,
am raslonrwydd hydrefol diwrnod arall.

John Johansen-Berg

❖ Disgwyl mewn gobaith

Fel mae'r lleuad yn adlewyrchu ar wyneb y dyfroedd duon,
Fel mae' r Ysbryd yn ymsymud uwchben y dyfnderoedd,
Fel mae'r hedyn bach angen tywyllwch i egino,
Fel mae'r awr dywyllaf yn ymddangos cyn i'r wawr dorri,
Fel mae bywyd newydd yn tyfu yn y groth,
Bydded i oleuni Duw lewyrchu arnaf tra rwy'n
disgwyl mewn gobaith am i'r goleuni ddychwelyd.

Anhysbys

❖ Litani Duw y creawdwr

Arweinydd: Yn y dechreuad, creodd Duw y byd:

Gwragedd: Creodd y byd a bu'n fam iddo,

Gwŷr: Ffurfiodd y byd a bu'n dad iddo;

Gwragedd: Llanwodd y byd â hadau ac arwyddion o ffrwythlondeb.

Gwŷr: Llanwodd y byd â chariad a'i bobl â gallu.

Arweinydd: Y cyfan sy'n wyrdd, glas, dwfn ac yn tyfu,

Pawb: **Eiddo Duw yw'r llaw a'u creodd.**

Arweinydd: Y cyfan sy'n dyner, cadarn, peraroglus a rhyfedd,

Pawb: **Eiddo Duw yw'r llaw a'u creodd.**

Arweinydd: Y cyfan sy'n ymlusgo, hedfan, nofio, cerdded neu'n llonydd,

Pawb: **Eiddo Duw yw'r llaw a'u creodd.**

Arweinydd: Y cyfan sy'n siarad, canu, wylo, chwerthin neu'n ddistaw,

Pawb: **Eiddo Duw yw'r llaw a'u creodd.**

Arweinydd: Y cyfan sy'n dioddef, mewn angen, neu'n hiraethu am derfyn,

Pawb: **Eiddo Duw yw'r llaw a'u creodd.**

Arweinydd: Eiddo'r Arglwydd yw'r byd.

Pawb: **Eiddo ef yw'r ddaear a'i holl bobl.**

Cymuned Iona

❖ Cynhaeaf o gariad

Arglwydd, mae dy gynhaeaf yn gynhaeaf o gariad;
cariad wedi'i hau yng nghalonnau pobl;
cariad sy'n ehangu
fel canghennau coeden fawr
yn cuddio pawb sy'n chwilio am ei chysgod;
cariad sy'n ysbrydoli ac yn ail-greu;
cariad a blennir yn y gwan a'r blinedig,
y claf a'r rhai ar farw.
Cynhaeaf dy gariad yw'r bywyd sy'n cyrraedd
drwy chwyn pechod a marwolaeth
hyd at heulwen dy atgyfodiad.
Arglwydd, meithrin fy nyddiau â'th gariad,
dyfrha fy enaid â gwlith maddeuant,
fel bo cynhaeaf fy mywyd wrth dy fodd.

Frank Topping

❖ Arglwydd pob tiriondeb

Annwyl Arglwydd pob tiriondeb,
bydd yn agos atom yn hydref y flwyddyn.
Wrth i ddail ddisgyn,
boed i mi gofio gogoniannau'r cynhaeaf,
cnydau'r meysydd,
y ffrwythau'n pwyso ar y coed.
Dysg i minnau rannu cynhaeaf dy Gariad Di
efo'r rhai rwy'n eu cwrdd bob dydd.
Boed i harddwch euraidd y tymor hwn
aros yn fy mywyd a'm calon yn wastadol.

Addasiad o eiriau traddodiadol o Iwerddon

❖ Crist y cynhaeaf

Crist yr had,
Crist y cynhaeaf,
Boed i ni gael ein cywain
yn ysgubor Duw.

Crist y moroedd,
Crist y pysgod,
Boed i ni gael ein dal
yn rhwyd Duw.

Ac o ieuenctid i henaint,
o henaint hyd farwolaeth,
boed i ddwy fraich Crist
ein cofleidio.

Ac ar derfyn ein hoes
ni cheir diwedd, ond bywyd newydd;
ym mharadwys hapusrwydd a heddwch
ymgasglwn atat Ti.

Addasiad o eiriau traddodiadol o Iwerddon

❖ Ymddiriedaeth dawel

Cofiwn am y rhai sydd wedi cyrraedd hydref bywyd,
sy'n teimlo fod mwy o flynyddoedd wedi'u treulio
nag sydd eto i ddod.
Rho iddynt ymdeimlad o ymddiriedaeth dawel
y byddi di'n cerdded gyda hwy
bob cam o'r daith,
i'r diwedd.

Golygydd

Gaeaf

Misoedd: Rhagfyr, Ionawr, Chwefror

Erbyn diwedd Tachwedd bydd Gŵyl yr Adfent ar ein gwarthaf – sef y pedwar Sul sy'n arwain i'r Nadolig. Ar 21 Ragfyr neu 22, dethlir heuldro'r gaeaf neu Alban Arthan sef y dydd byrraf. O'r 17 hyd y 24 o Ragfyr cynhelid Gŵyl y Saturnalia sef tri diwrnod y naill ochr i'r dydd byrraf. Dathliad oedd hwn i gyhoeddi bod y tywyllwch ar ei eithaf a bod y goleuni ar fin cryfhau a lledaenu. Cyfuniad oedd y dathliad Rhufeinig o ŵyl Sadwrn, sef duw y cynhaeaf a Mithras, duw yr haul. Mae hen arferion Gŵyl Saturnalia a dathliadau canol gaeaf Celtaidd yn dal efo ni. Mae planhigion y gaeaf, y celyn, yr eiddew a'r uchelwydd yn cael eu defnyddio i addurno pob Nadolig. Llwyddodd yr eglwys Gristnogol i herwgipio'r hen wyliau a phenodwyd 25 Rhagfyr yn ddydd geni Iesu Grist. Gŵyl geni'r Haul yn dod yn ei thro yn Ŵyl geni Haul Cyfiawnder! Hanner ffordd rhwng Gŵyl Steffan (y diwrnod ar ôl y Nadolig) a'r Ystwyll (6 Ionawr) mae'r Calan ac yn yr hen ddyddiau byddai'n arferiad ar bob nos Calan i agor y drysau a'r ffenestri i adael yr hen flwyddyn allan a chroesawu'r un newydd. Mae'r arferiad hwn yn mynd yn ôl i hen ddefod y Brythoniaid o adael i ysbryd yr hen flwyddyn ymadael a rhoi genedigaeth i Lleu, duw'r haul a fyddai'n dechrau cynyddu a lledaenu'i belydrau. Erbyn y Calan byddai'r dydd yn dechrau ymestyn, 'awr fawr Calan'. Mae'n bur debyg mai'r Hen Galan (12 Ionawr) fyddai hon. Ar Ionawr 25 dethlid dydd Santes Dwynwen, santes y cariadon. Yn yr Oesoedd Canol byddai'r rhai oedd yn chwilio am gariad yn mynd ar bererindod i Ynys Llanddwyn ar Ynys Môn i offrymu gweddi wrth Ffynnon Dwynwen.

Gweddïau'r Gaeaf

❖ Diolch am nerth a chynhaliaeth

O Dduw, mae gerwinder y gaeaf o'n cwmpas.
Diolch i ti am nerth a chynhaliaeth.
Mae byd natur yn swrth a chysglyd.
Diolch i ti am nerth a chynhaliaeth.
Mae'r gwynt a'r glaw a'r stormydd yn taro.
Diolch i ti am nerth a chynhaliaeth.
Mae'r eira a'r rhew yn garchar ac yn rhwystr.
Diolch i ti am nerth a chynhaliaeth.
Rho ysbryd dyfalbarhad yn fy mywyd i.
Diolch i ti am nerth a chynhaliaeth.

Golygydd

❖ Adnewydda fy mywyd

Tyrd flagur gwyrdd, tra mae popeth arall yn farw a llwm.
Tyrd bluen eira, unigryw a bychan, yn wyrthiol o ddistaw.
Tyrd robin goch, mor osgeiddig a sionc a phrydferth.
Tyrd ddeilen y celyn, yn danbaid wyrdd yng nghanol y noethni.
Tyrd fy ffrind, fel y gallaf rannu â thi fy ngofidiau.
Adnewydda fy mywyd.

Anhysbys

❖ Gwneud ewyllys Duw

Cynorthwya fi yn ystod y tymor hwn,
tymor yr oerni a'r caledi,
i gydnabod fy nibyniaeth arnat ti.
Yn y lle unig a thywyll hwn
cynorthwya fi i ymlacio,
fel y gallaf glywed dy lais,
ac o glywed,

175

gwrando,
ac o wrando,
gweithredu
a gwneud dy ewyllys di.

Golygydd

❖ Hedd dy fendith

Wrth ddeffro heddiw yng ngoleuni egwan y bore,
yr haul yn wan, a'r coed yn noeth,
Tyrd, ti sy'n gwneud pob peth newydd,
Tyrd i ganol mwrllwch y tymor hwn.
Tyrd i galedi fy mywyd tra mae'r ddaear yn disgwyl cael ei hadnewyddu.
Tyrd i'm llygaid swrth i adnewyddu fy ngwelediad.
Tyrd i'm dwylo llonydd i weithio drosot ti.
Tyrd i'm calon ofnus rhag i mi gael fy llethu.
Yn syrthni'r gaeaf rho i mi gyfnod o seibiant.
Bydded i mi dderbyn hedd dy fendith
tra rwyf yn aros ac yn gwylio efo ti.

Tess Ward

❖ Ymddiried yn Nuw

Yn y gaeaf byddi di'n gosod pethau yn eu lle priodol,
yn rhoi trefn ar bopeth
er mwyn sicrhau amrywiaeth lliwiau a lluniaeth
yn ein byd rhyfeddol a hardd,
gan atgyweirio'r byd ar gyfer bywyd newydd y gwanwyn.

Diolch am gyfnod o dawelwch pan nad oes sŵn,
na llais na sibrwd yn y tawelwch.

Wrth i'r gaeaf ddod ag oerni,
siom a thristwch i'n bywydau,
cynorthwya ni, ein Tad,
i ymddiried ynot ti,

176

gan wybod fod y Garddwr Mawr
yn medru defnyddio'r profiadau anodd er ein lles.
 Fel y mae'n rhaid wrth aeaf caled i baratoi ar gyfer
haul gwanwyn a haf,
dysg ni fod rhai pethau caled y mae'n rhaid i ni eu hwynebu
er mwyn canfod y bywyd da.

Elfed ap Nefydd Roberts

❖ **Llawenydd y Nadolig**

Wrth i'r Nadolig agosáu,
llanwa ni â llawenydd a diolchgarwch
fel y gallwn gyhoeddi dy ras a'th ogoniant.
Bydded i ti fod yn bresennol
yn ein cartrefi,
yn ein bywydau ac yn ein holl
weithgaredd.
Tywysog Tangnefedd,
arddangos dy ogoniant i ni.

David Adam

❖ **Llawenhau yn nirgelwch y Nadolig**

Goleua ein tywyllwch
trwy ddisgleirdeb dy bresenoldeb.
Llanwa ni â llawenydd dy enedigaeth.
Rho i ni ufudd-dod Mair,
gostyngeiddrwydd y bugeiliaid,
miwsig yr angylion,
penderfyniad y seryddion
fel y gallwn lawenhau
yn nirgelwch y Gair yn gnawd.

Golygydd

❖ Diwedd blwyddyn

Ar ddiwedd blwyddyn,
O Dduw goleuni a gobaith,
helpa ni i ddod i adnabod ein hunain.
Maddau ein gorffennol,
cywira ein presennol
ac arwain ni i'r dyfodol
law yn llaw â thi.

Golygydd

❖ Dim lle yn y llety

Nid oedd lle yn y llety.
Cofiwn am y digartref a'r rhai
sy'n ei chael hi'n anodd cael lle i orffwys,
yn enwedig yng ngerwinder y gaeaf.
Cofiwn am blant y strydoedd a phlant mewn gofal,
yr unig a'r rhai sy'n cael eu hanghofio,
a phawb sy'n wael ac yn dioddef.
Tywysog Tangnefedd,
arddangos dy ogoniant i ni.

David Adam

❖ Goleuni Crist

Bydded i oleuni Crist wasgaru'r tywyllwch.
Bydded i oleuni Crist ein harwain ar hyd ffordd tangnefedd.
Bydded i oleuni Crist a thangnefedd Crist
fod gyda chwi,
o'r awr hon hyd byth.

David Adam

❖ Blwyddyn newydd

Ar drothwy blwyddyn newydd
cyflwynwn ein hunain o'r newydd i ti,
maddau ein diffygion
ac ysbrydola ni i gerdded ymlaen i'r anwybod
gan afael yn dynn ynot ti,
fel y byddwn yn barod
i wynebu'r dyfodol
yn hyderus.

Golygydd

❖ Agor drws y stabl

Agoraf ddrws y stabl,
Plygaf gerbron y baban,
Addolaf gyda'r bugeiliaid,
Gwirionaf ar y plentyn.
Meddyliaf am y Gair a wnaethpwyd yn Gnawd.
Canaf gân gyda'r angylion,
Offrymaf roddion gyda'r doethion.
Mae hi wedi bod yn daith hir.
Codaf ef i'm breichiau.
Af ar fy ffordd dan lawenhau,
Gan ogoneddu a chanmol Duw.

David Adam

❖ Credaf yn Nuw

Credaf yn yr haul pan nad yw'n tywynnu.
Credaf mewn cariad pan nad wyf yn ei deimlo.
Credaf yn Nuw pan mae'n dawel.

Gweddi Geltaidd

179

❖ Harddwch dy greadigaeth

Greawdwr,
diolchwn i ti am fyd mor amrywiol ei brydferthwch;
pelydrau'r haul wedi eu hadlewyrchu ar bibonwy disglair
ac ar wyneb rhewllyd y llyn fel drych;
eira'n lluwchio'n ddwfn ar y bronnydd
ac esgyrn eira ar ganghennau'r coed.
Dyma ryfeddod y gaeaf mewn plu eira a rhew.
Dyma harddwch dy greadigaeth, Arglwydd yr eira.
Diolchwn i ti am blaned sy'n llawn harddwch.

John Johansen-Berg

❖ Rhoddwr bywyd newydd

Rhoddwr y bywyd newydd,
Tyrd i lymder a gerwinder y tymor hwn.
Tyrd i roi bywyd newydd yn f'ymdrechion i.
Tyrd i'm llygaid swrth i adnewyddu fy ngweledigaeth.
Tyrd i'm cymalau llesg tra rydw i'n gorffwyso.
Tyrd i'm dwylo prysur fel y gallaf ddysgu gofalu.
Tyrd i'm calon bryderus fel y gallaf fynd ymlaen.
Tyrd i'm henaid i roi nerth newydd i mi.
Adnewydda fi yn ystod trwmgwsg y gaeaf
i fynd ati o'r newydd fel mae'r dydd yn ymestyn.

Anhysbys

❖ Gweddi dros eraill

Cyflwynwn i ti, O Dduw,
y rhai sy'n teimlo caethiwed y diwrnodau byr
a'r nosweithiau hir.
Y rhai sy'n cael anhawster i gadw'n gynnes
oherwydd prinder arian i dalu
am lo, trydan a nwy i gynhesu.
Cyflwynwn i ti, O Dduw,
y rhai sydd heb do uwch eu pennau
yn gorfod cysgu ar y strydoedd a chorneli tywyll.
Cyflwynwn y rhain i gyd i ti, O Dduw.
Ond rwyt ti yn ein herio.
Dy blant di ydyn nhw.
Rwyt ti'n galw arnom ni i roi help llaw,
i'w cysuro ac i weithredu yn dy enw Di.

Golygydd

Gweddïau'r Gwyliau Cristnogol

Fel hyn y dywed yr Arglwydd, Duw Israel: 'Gollwng fy mhobl yn rhydd er mwyn iddynt gadw gŵyl i mi yn yr anialwch.'
Exodus 5: 1

Hefyd, ar ddydd o lawenydd, ar eich gwyliau penodedig, ac ar ddechrau pob mis, canwch y trwmpedau uwchben eich poethoffrymau a'ch heddoffrymau; byddant yn eich dwyn i gof gerbron eich Duw. Myfi yw'r Arglwydd eich Duw.
Numeri 10: 10

Am hynny cadwn yr ŵyl, nid â'r hen lefain, nac ychwaith â lefain malais a llygredd, ond â bara croyw purdeb a gwirionedd.
1 Corinthiaid 5: 8

Ar ôl hyn aeth Iesu i fyny i Jerwsalem i ddathlu un o wyliau'r Iddewon.
Ioan 5: 1

Erstalwm pan fyddwn yn arfer teithio ar y trên o bellafoedd Lloegr tua Gogledd Cymru byddwn yn codi fy nghalon wrth weld mynyddoedd Cymru. Roedd y daith wedi bod yn undonog trwy wastadedd Lloegr ond roedd copaon y mynyddoedd yn fy nyrchafu, ac roedd fy llygaid yn codi a'm hysbryd yn llawenhau. Y mynyddoedd hyn oedd y pinaclau ynghanol y gwastadedd a'r undonedd. Ac felly mae'r gwyliau Cristnogol yn y calendr blynyddol. Mae'r Adfent yn gyfnod o baratoi cyn cael ein dyrchafu i ddathlu gŵyl y Nadolig, y Grawys yn gyfnod o ddeugain nydd a deugain nos cyn y Pasg, a chyfnod arall o wastadedd cyn cael ein dyrchafu i ddathlu'r Pentecost.

Mae'r gwyliau Cristnogol hefyd yn ein hatgoffa o binaclau yng ngweinidogaeth Iesu ei hun. Y Nadolig yn coffáu ei eni, Y Groglith yn ein hatgoffa o'r croeshoeliad, a'r Atgyfodiad ar fore'r Pasg. Y Pentecost a'r Drindod yn ein hatgoffa o ddyfodiad yr Ysbryd. Yn yr adran hon mae gweddïau ar gyfer y prif Wyliau yn ogystal â'r Ŵyl o Ddiolchgarwch sydd yn cael ei chynnal yn flynyddol yng Nghymru.

Mae gweddïau'r adran hon yn dilyn prif wyliau'r calendr Cristnogol gan ddechrau gyda thymor yr Adfent.

Tymor yr Adfent

❖ Disgwyl ei ddyfodiad

O Dduw gwaredol,
y mae dy enedigaeth sydd ar ddod
yn dal i ysgwyd sylfeini ein byd;
gad i ni ddisgwyl dy ddyfodiad
yn llawn brwdfrydedd a gobaith
fel y cawn groesawu'n ddi-ofn
boenau esgor yr oes newydd,
trwy Iesu Grist.

Janet Morley

❖ Cymorth i estyn allan

O Dduw sy'n iacháu,
sydd a'th drugaredd fel tân ysol,
cyffwrdd â ni â'th farn,
a heria ni â'th dynerwch,
fel y cawn ar ôl ein cysuro gennyt
estyn allan i gyrraedd y byd cythryblus,
trwy Iesu Grist.

Janet Morley

❖ Cerdded yn dy oleuni

Arglwydd, rwy'n gwylio, yn disgwyl,
yn edrych ac yn dyheu amdanat.
Gwasgara'r cymylau a'r tywyllwch
a'm deffro i'th ddisgleirdeb,
fel y gallaf gerdded yn dy oleuni
trwy Iesu Grist.

David Adam

❖ Y Duw sy'n rhoi gobaith

Tyrd, Arglwydd,
rho nerth i'r dwylo sydd wedi'u clymu
ac i'r gliniau sy'n gwegian dan bwysau.
Ti, O Dduw sy'n gofalu am bawb sy'n isel,
rwyt ti'n plygu i ddod atom a'n codi.
Ti ydi'r Duw sy'n rhoi gobaith.
Ti ydi'r Duw sy'n dod i'n hachub.

Golygydd

❖ Tyrd Immanuel

Tyrd Immanuel,
at y tlawd a'r anghenus.
Tyrd Immanuel,
at y digariad a'r gwrthodedig.
Tyrd Immanuel,
at y digartref a'r ffoadur.
Tyrd Immanuel,
at y claf a'r dioddefwr.
Tyrd Immanuel,
at y galarus a'r unig.
Tyrd Immanuel,
at yr oedrannus a'r amddifad.
Tyrd Immanuel,
a thrawsffurfia dy greadigaeth.
Tyrd Immanuel.

Jenny Child

❖ Paratoi ar gyfer ei ddyfodiad

Paratoa ni ar gyfer dy ddyfodiad.
Rho i ni lygaid i archwilio wyneb dieithryn
a gweld dy wyneb di yno.
Rho i ni glust i wrando ar amheuaeth a phetruster eraill
a gweld dy bresenoldeb di yno.
Rho i ni dosturi i gynorthwyo'r hwn sy'n wael ac yn dioddef
a gweld dy bresenoldeb di yno.
Rho i ni gydymdeimlad â'r hwn sy'n galaru
a gweld dy bresenoldeb di yno.
Tyrd i'n bywydau o'r newydd y tymor hwn.

John Pritchard

Dydd Geni Iesu Grist – Y Nadolig

❖ Brenin yr holl fyd

Blentyn y Gogoniant.
Fab Mair,
geni mewn preseb.
Brenin yr holl fyd
a ddaeth i'r anialwch,
a dioddef yn ein lle.
Hapus ydi'r rhai
sy'n cael cyfrif
gydag Ef.

Gweddi Geltaidd

❖ Mae Crist ar ddod

Mae Duw yn agos.
Llawenhawn.
Mae'r byd yn disgwyl.
Llawenhawn.
Mae Crist ar ddod.
Llawenhawn.
Mae Duw yn ein hadnewyddu.
Llawenhawn.

Prayers for all Seasons

❖ Y Gair yn torri trwodd

Mae'r cymylau tywyll wedi'u gwasgaru.
Mae'r goleuni yn treiddio.
Mae'r Gair yn torri trwodd i fywydau dynol
ac yn llenwi ein distawrwydd â gobaith.
Diolch a fo i Dduw. Mae'r plentyn wedi'i eni.

Prayers for all Seasons

❖ Plentyn y bydysawd

Heddiw, down at ein gilydd
i ddathlu'r rhodd o blentyn bach
a aned amser maith yn ôl,
ac felly heddiw
plentyn y bydysawd
yn bresennol gyda ni.
Boed i ni, yn ein geiriau a'n gweithredoedd,
ddal ati i roi genedigaeth
i bresenoldeb y Crist byw
yn y byd heddiw.

Prayers for all Seasons

❖ Y Nadolig cyntaf

Arglwydd Iesu, cofiwn dy eni ar y Nadolig cyntaf.
Cynorthwya ni i gofio nad oedd lle yn y llety,
a chadw ni rhag llenwi'n bywyd fel na byddo lle i ti.
Cynorthwya ni i gofio'r stabl, a'r preseb yn grud,
a chadw ni rhag chwennych y cyfoeth, y cysur a'r hawddfyd
na chefaist ti mohonynt.
Cynorthwya ni i gofio dyfodiad y bugeiliaid a'r doethion,
a deled y syml a'r dysgedig, y mawr a'r bach yn un
wrth dy addoli a'th garu di.

William Barclay

❖ Clywed cri yr anghenus

O Arglwydd Dduw Hollalluog, Tad yr holl deuluoedd, yr hwn na ellir cau
yr un drws yn ei erbyn: myn dy le ar aelwydydd ein gwlad i'w sancteiddio
a'u puro mewn cariad; a thrwy dy Fab a anwyd mewn stabl, dwysbiga'n
calonnau i glywed cri y rhai sy'n ddigartref ac sy'n gorfod byw mewn
amgylchiadau annymunol ac annerbyniol.

Yn y cyfnod hwn o roi a derbyn, cynorthwya ni i gofio geiriau Iesu, 'Gwell yw rhoddi na derbyn.' Rho yn ein calonnau y cariad sy'n gwybod mai gwneud eraill yn hapus sy'n esgor ar wir ddedwyddwch, ac mai rhannu sy'n esgor ar wir gyfoeth; trwy Iesu Grist ein Harglwydd.

William Barclay

❖ Heno ganed Crist

Heno yw y noson hir,
Fe ddaw'n eira, fe ddaw'n lluwch,
Eira disglair tan y wawr,
Lleuad ddisglair tan y dydd,
Heno nos Nadolig Mawr,
Heno ganed Mab Mair Wyry,
Heno ganed Mab yr Iôr,
Heno ganed gwraidd ein hoen,
Heno t'wynnodd haul y bannau,
Heno t'wynnodd môr a thir,
Heno ganed Crist Rhi'r mawredd,
Cyn y clywyd dod Gogoniant,
Clywyd tonnau ar y traeth,
Cyn y clywyd troed ar lawr,
Clywyd sŵn yr engyl claer:
Heno yw y noson hir.

Carmina Gadelica

❖ Iesu yw hwn a erbyniwn

Doeth ystyriwn a rhyfeddwn
    ryfeddodau;
Dim rhyfeddach ni bydd bellach,
    ni bwyll enau.
Duw a'n dyfu, dyn yn crëu
    creaduriau
Yn Dduw, yn ddyn a'r Duw yn ddyn
    yn un ddoniau.
Cawr mawr bychan cryf cadarn gwan,
    gwynion ruddiau
Cyfoethog tlawd a'n Tad a'n brawd,
    awdur brodiau.
Iesu yw hwn a erbyniwn
    yn ben rhïau
Uchel, iscl Emanẅel,
    mêl meddyliau:
Ych ac asen, Arglwydd presen,
    preseb piau,
A sopen wair yn lle cadair
    i'n llyw cadau.

Madog ap Gwallter

❖ Y trysor yn y preseb

Down i blygu gyda'r bugeiliaid,
i gyhoeddi gyda'r angylion,
i ddarganfod gyda'r gwŷr doeth,
i lawenhau gyda Mair a Joseff
ac i weld y trysor yn y preseb.

Golygydd

❖ Tywysog ein heddwch

Boed i dangnefedd dy bresenoldeb fod gyda ni.

Boed i rym dy bresenoldeb ein gwarchod.

Boed i oleuni dy bresenoldeb wasgar y tywyllwch o'n hamgylch.

Lledaena dy dangnefedd dros ein daear.

Heddwch ymhlith cenhedloedd a gwledydd,

a chrea heddwch yn ein calonnau ninnau.

Tywysog ein heddwch,

tyrd i'n plith.

Golygydd

❖ Tangnefedd y Tywysog heddychlon

Doethineb y Cynghorwr rhyfeddol arwain ni,

Cadernid y Duw cadarn gwarchod ni,

Cariad y Tad bythol amgylchyna ni,

Tangnefedd y Tywysog heddychlon o'n mewn ni.

Seiliedig ar Eseia 9: 6

❖ Trugaredd yn estyn o'r nefoedd

Gad i'th ddaioni, O Arglwydd, ymddangos inni, fel y byddo i ni a luniwyd ar dy lun gydymffurfio ag ef. O'n cryfder ein hunain fedrwn ni ddim efelychu dy ardderchowgrwydd, na'th bŵer, na'th ryfeddod, ac anweddus yw i ni geisio. Mae dy drugaredd yn estyn o'r nefoedd, drwy'r cymylau i'r ddaear isod. Daethost atom fel plentyn bychan, ond rhoddaist inni'r rhodd fwyaf sydd; y rhodd o gariad tragwyddol. Anwyla ni â'th ddwylo bychain, cofleidia ni â'th freichiau bychain, a thrywana ein calonnau â'th alwadau peraidd, mwyn.

Bernard o Clairvaux

190

❖ Gwneud ewyllys Duw

Rho i mi ufudd-dod Mair,
gwyleidd-dra'r bugeiliaid,
haelioni'r doethion,
llawenydd yr angylion
a chalon barod i wneud dy ewyllys.

Jenny Child

❖ Plentyn y Nadolig

Blentyn y Nadolig,
tyrd i'n byd cythryblus.
Edrych ar dristwch ein byd
wedi ei rwygo
gan drachwant,
ofn
a rhagfarn.
Llanwa'n byd
â gobaith,
llawenydd
a chytgord.
Blentyn y Nadolig,
dangos i ni
fod yna ffordd ragorach.

Golygydd

Yr Ystwyll – y cyfnod o 6 Ionawr i'r Grawys

❖ **Goleuni disglair y seren**

Dduw ein Tad a arweiniodd y doethion trwy oleuni disglair seren i ddinas Dafydd, arwain ninnau trwy oleuni dy Ysbryd Glân fel y down ninnau hefyd i bresenoldeb Iesu a chyflwyno rhoddion ein haddoliad Iddo Ef, ein Gwaredwr a'n Harglwydd.

Allan Warren

❖ **Arwain ni, O Dduw**

O Dduw, trwy ymddangosiad Seren
datgelaist dy Fab i genhedloedd y byd.
Arwain ni i weledigaeth newydd a chliriach o'th bresenoldeb
a boed i wledydd y byd gerdded ffordd undeb a heddwch gan ddilyn Iesu.
Arweiniwyd y gwŷr doeth gan seren.
Agor ein llygaid i weld.
Agor ein clustiau i wrando.
Agor ein meddyliau i dderbyn gwybodaeth newydd.
Agor ein cyrff i fentro ymlaen
i chwilio,
i ddyheu
ac i ddarganfod.
Cofiwn am bawb sy'n ymbalfalu yn y tywyllwch
ac yn chwilio am y goleuni.
Iesu, Goleuni'r byd, bydd yn arweinydd iddyn nhw.

Golygydd

❖ **Gogoniant Duw yn llewyrchu**

Codwch. Ymwrolwch. Mae'r goleuni'n disgleirio. Mae gogoniant Duw yn llewyrchu arnoch. Bydded i oleuni Duw eich arwain ymlaen a bydded i'w dangnefedd fod gyda chi'n wastad.

David Adam

❖ Diolch am oleuni

Oleuni llachar.
Rhoddwn ddiolch
am oleuni'r dydd hwn,
am oleuni y tragwyddol gariad,
am oleuni ar y daith i gyfiawnder a thangnefedd,
am oleuni dy ras yn dy gariad.
Llewyrcha ar ein bywyd
fel y bo i oleuni dy lawenydd
ledaenu drwy'r byd i gyd.

Prayers for all Seasons

❖ Arweniad y seren

Ymddangosodd y seren.
Bydded i'r seren ein harwain
i agor ein clustiau i wrando ar dy neges,
i agor ein llygaid i weld y gwaith sydd angen ei wneud,
i agor ein gwefusau i rannu cysur a llawenydd i bawb sydd mewn angen,
i agor ein meddyliau i glywed gwirioneddau newydd ar sut i weithredu
yn y byd,
i agor ein calonnau i garu ein cymdogion a'n gelynion
ac i garu ein hunain.

Golygydd

Y Grawys

❖ **Rhag ein temtio**

Arglwydd, cafodd dy Fab ei demtio
yn yr anialwch gan ddiafol.
Ei demtio i droi'r cerrig yn fara,
i'w fwrw ei hun o binacl y deml,
i blygu gerbron y diafol a'i addoli.
Cawn ninnau ein temtio, Arglwydd da:
i feddwl yn unig am bethau gweledig,
i anghofio nad ar fara'n unig y bydd byw dyn,
ac anghofio'r Bara a ddaeth i waered o'r nef.
Cawn ein temtio i ddringo i binacl ein gorchestion ein hunain,
ein peiriannau a'n hawyrennau a'n llongau gofod,
gan anghofio mai oddi wrthyt ti y daw
pob dawn a gallu i ddeall a dyfeisio.
Cawn ein temtio i chwennych y byd a'i deyrnasoedd a'i gyfoeth,
ac i ymgrymu i'w allu a'i rwysg,
gan anghofio nad ydym i addoli neb na dim
ond ti, O Arglwydd ein Duw,
nad ydym i wasanaethu neb ond ti.
Cadw ninnau rhag cwympo, O Arglwydd da, fel y cadwyd dy Fab,
trwy dy Air,
trwy dy nerth,
a thrwy ei Ysbryd ef.

Harri Williams

❖ **Nerth i symud ymlaen**

Rho inni nerth
i ymlid gweithredoedd y tywyllwch.
Rho inni weledigaeth newydd o'r hyn y gallwn fod
a'r hyn y gallwn ei wneud.
Helpa ni i symud ymlaen.

Rhyddha ni o'r cadwynau sy'n ein dal yn gaeth,
o'r llyffetheiriau sy'n ein cyfyngu.
Arwain ni i ryddid
i weithio trosot ti
yn y byd sy'n crefu am arweiniad.

Golygydd

❖ Maddau ein difaterwch

Duw y Creawdwr, ti a'n creaist o'r pridd,
cofia ein bod yn fregus a maddau i ni.
Crist, Gwaredwr y byd,
cofia dy fod wedi bod yn un â ni yn ein dynoliaeth,
achub ni a maddau i ni.
Ysbryd Byw, buost yn symud dros y dyfroedd adeg y creu,
ac yn ysbrydoli'r disgyblion,
maddau ein difaterwch ac adnewydda ni.

Jenny Child

❖ Ein hysbrydoli gan eraill

Diolchwn am y rhai sydd wedi gosod esiampl i ni.
Esiampl o gariad,
o fywiogrwydd,
o nwyf
ac asbri.
Boed i ni gael ein hysbrydoli gan eu bywydau
a phenderfynu dilyn eu hesiampl.
Tyrd, Arglwydd, adnewydda ac adfywia ni.

Cymuned Iona

Y Groglith – Marwolaeth Iesu ar y Groes

❖ Dy ddwylo Di

Down â'n gwaith i'th ddwylo Di, dwylo gweithiwr,
Down â'n hafiechyd i'th ddwylo Di, dwylo iachäwr,
Down â'n gwendid i'th ddwylo Di, dwylo cryfion,
Down â'n tristwch i'th ddwylo Di, dwylo tyner,
Down â'n hangen i'th ddwylo di, dwylo gweddigar,
Down â'n dioddef i'th ddwylo Di, dwylo clwyfedig,
Down â'n cariad, ein teuluoedd a'n plant i'th ddwylo di,
dwylo agored i fendithio,
Down â'n dwylo i dderbyn gennyt fara cariad er mwyn i ni gymryd
dy bresenoldeb Di yn y sacrament a'i rannu i eraill.
Wrth i ni ddal dy ddwylo Di,
gad i ni wneud gwaith dy ddwylo yn y byd heddiw.

Cyfoeth o'i Drysor

❖ Aberth y groes

Wrth fyfyrio ar aberth ei groes,
arwain ni i ddirgelwch ei ddioddefiadau,
fel y gwelwn mai trwy aberthu y mae'n teyrnasu,
trwy garu y mae'n gorchfygu,
trwy ddioddef y mae'n achub,
a thrwy farw y mae'n estyn i ni fywyd tragwyddol.

The Book of Common Order

❖ Meddwl yn ofalus

Iesu, Fab Duw, roeddet ti'n ddistaw gerbron Pilat, na ad i ni glebran yn ddifeddwl heb, yn gyntaf, feddwl yn ofalus beth i'w ddweud a sut i'w ddweud.

Gweddi Aeleg

❖ Er mwyn dy gariad

Dy gariad, Arglwydd Iesu,
a barodd i ti gael dy hoelio ar y groes.
Dy gariad a'th gadwodd yno
pan allet fod wedi galw am lengoedd o angylion.
Dy gariad a ymbiliodd dros dy lofruddion
drwy weddïo, 'Dad, maddau iddynt.'
Cynorthwya ni, Arglwydd grasol,
i gydio mwy yn dy gariad,
i dderbyn maddeuant,
ac i ddysgu maddau i eraill
fel y cawsom ni faddeuant,
er mwyn dy gariad.

Frank Colquhoun

❖ Cerdded mewn ffydd

Gwyddom nad yw'n ffydd ddim gwell na ffydd y disgyblion cyntaf,
ein dewrder ddim cadarnach,
ein hymroddiad ddim mymryn cryfach wrth wrthsefyll treialon.
Yn rhy aml rydym yn dy wadu trwy ein ffordd o fyw,
trwy ein geiriau a'n gweithredoedd;
rydym yn dy adael;
gan ddewis y llwybr rhwydd a diofyn,
yn hytrach na llwybr y groes.
Dro ar ôl tro rydym yn dy siomi.
Arglwydd, rho drugaredd.
Dro ar ôl tro, yr wyt ti yn ein croesawu'n ôl.
Dysg i ni gerdded mewn ffydd.

Gweddïau'r Pedwar Tymor 2

❖ Litani aberth Crist

Y Groes,
fe'i cymerwn.
Y Bara,
fe'i torrwn.
Y Boen,
fe'i dioddefwn.
Y Llawenydd,
fe'i rhannwn.
Yr Efengyl,
fe'i dilynwn.
Y Cariad,
fe'i rhoddwn.
Y Goleuni,
fe'i hanwylwn.
Y Tywyllwch,
Duw a'i dinistria.

Cymuned Iona

❖ Derbyn ni yn awr

Dad y trugareddau a Duw cariad,
yn ei air olaf ar y groes
cyflwynodd dy Fab ein Gwaredwr ei ysbryd i'th ddwylo di.
Heddiw yr ydym ni am wneud yn debyg.
Yn dy ddwylo di yn unig yr ydym yn ddiogel:
ni ddymunwn fod yn unrhyw le arall.
Ac felly, ein Tad, derbyn ni yn awr,
wrth inni ein cyflwyno ein hunain i'th ddwylo,
ein heneidiau a'n cyrff,
mewn bywyd ac angau,
dros amser a hyd dragwyddoldeb.

Frank Colquhoun

❖ Croes Crist

Croes Crist dros yr wyneb hwn, dros fy nghlust yn y cywair hwn,
croes Crist dros y llygad hwn, croes Crist dros y ffroenau hyn.

Croes Crist gyda mi o'm blaen, croes Crist gyda mi o'm hôl,
croes Crist rhag pob adfyd, croes Crist rhwng tyle a phant.

Croes Crist i'r dwyrain wrth fy wyneb,
croes Crist i'r gorllewin wrth y machlud:
deau, gogledd yn ddi-baid, croes Crist yn ddi-oed.

Croes Crist fry i entrych nef, croes Crist i ddaear lawr.
Na foed i ddrwg na dolur ddyfod i'm corff na'm henaid chwaith.

Croes Crist drosof yn fy eistedd, croes Crist drosof yn fy ngorwedd.
Croes Crist yw fy nerth i gyd, nes inni gyrracdd Brenin nef.

O gorun fy mhen hyd ewin fy nhroed, O Grist,
rhag pob perygl boed nodded dy groes.

Tan ddydd marwolaeth, cyn mynd i'r pridd,
heb rodres y dygaf groes Crist dros fy mhryd.
                    Ar Drothwy Goleuni

❖ O Iesu da, gwrando fi

Enaid Crist, sancteiddia fi;
   gorff Crist, achub fi;
   waed Crist, meddwa fi;
   ddwfr ystlys Crist, golch fi;
   ddisgleirdeb Crist, nertha fi;
   chwys wyneb Crist, iachâ fi.
O Iesu da, gwrando fi;
   oddi mewn i'th glwyfau cuddia fi;

na ad imi gilio oddi wrthyt;
yn erbyn y gelyn cas amddiffyn fi;
yn awr marwolaeth galw fi;
a gorchymyn i mi ddyfod atat fel y caffwyf,
gyda'th saint a'th angylion,
dy foli di'n oes oesoedd.

Gweddi o'r 14eg ganrif

❖ **Arglwydd da, gwared ni**

Trwy dy ymgnawdoliad,
Arglwydd da, gwared ni.
Trwy dy groes a'th ddioddefaint,
Arglwydd da, gwared ni.
Trwy dy farwolaeth a'th gladdedigaeth,
Arglwydd da, gwared ni.
Trwy dy atgyfodiad nerthol,
Arglwydd da, gwared ni.

David Adam

Y Pasg – Atgyfodiad Iesu Grist

❖ Y Crist atgyfodedig

O Grist atgyfodedig,
y mae dy absenoldeb yn ein gadael wedi ein parlysu,
ond y mae dy bresenoldeb yn ein gorlethu,
anadla arnom ni
â'th fywyd helaeth;
fel yn y man lle methwn weld
y cawn y dewrder i gredu ac
y cawn ein hatgyfodi gyda Thi.

Janet Morley

❖ Diolch am fywyd Iesu

O Dduw, ein Tad, diolchwn i ti y Pasg hwn am fywyd Iesu:
am iddo orfod dysgu fel y mae'n rhaid i ninnau ddysgu,
am iddo orfod mynd i'r ysgol, dysgu crefft a chyflawni gorchwylion,
fel y mae'n rhaid i ninnau.
Am iddo orfod ennill ei fywoliaeth fel y bydd yn rhaid i ninnau,
am ei fod yn gwybod am fywyd a gwaith pob dydd.
Diolchwn i ti, O Dduw.
Am ei eiriau doeth a'i weithredoedd o gariad,
am ei garedigrwydd wrth y gwael, y dioddefus a'r digalon,
am ei gyfeillgarwch, hyd yn oed â'r rhai a ddiystyrwyd gan eraill.
Diolchwn i ti, O Dduw.

William Barclay

❖ Crist a gyfodwyd

Pan yw'r drylliedig yn cael ei gyfannu,
pan yw'r clwyfedig yn cael iachâd,
pan yw'r ofnus yn cael rhyddhad:
Y mae'r maen wedi'i dreiglo ymaith.

Pan yw'r unig yn canfod cyfeillgarwch,
pan yw'r trallodus yn canfod cysur,
pan yw'r pryderus yn canfod tawelwch meddwl:
Y mae'r maen wedi'i dreiglo ymaith.
Pan ddysgwn rannu yn hytrach na hawlio,
pan ddysgwn gofleidio yn hytrach na tharo,
pan ymunwn yn deulu o amgylch y bwrdd:
Y mae'r maen wedi'i dreiglo ymaith.
Ynot, ti, Grist Iesu,
y mae pob maen yn cael ei dreiglo ymaith:
y mae cariad yn torri trwy gasineb;
y mae gobaith yn torri trwy anobaith;
y mae bywyd yn torri trwy angau.
Haleliwia! Crist a gyfodwyd.

Cymuned Iona

❖ **Y gwanwyn sy'n meirioli**

Ein Tad nefol,
Wedi oerni'r gaeaf a chaledi'r tir,
diolchwn am y gwanwyn sy'n meirioli, yn meddalu
ac yn meithrin bywyd newydd ym myd natur.
Ein Tad nefol,
Cyffeswn i ti ein gaeaf ysbrydol
a chaledi tir ein calonnau.
Cyffeswn ein hamharodrwydd i adael i'th gariad ein newid.
Diolchwn i ti o'r newydd heddiw
fod dy gariad yn ddigon cryf i dorri trwodd atom
i'n dadmer a'n deffro.

Gweddïau Cyhoeddus

❖ Iesu fy Ngwaredwr

Rwy'n dy ganmol, Dad, am y cyfan ydwyt –
dy fawredd sy tu hwnt i ddealltwriaeth dynol.
Addolaf di, am dy fod yn haeddu canmoliaeth.
Deuaf â'm diolchgarwch iti – am dy ddaioni a'th
gariad ac yn arbennig am Iesu fy Ngwaredwr.

Georgette Butcher

❖ Cododd Iesu!

Cannwyll y Pasg yn goleuo'n ddisglair,
Cododd Iesu!
Côr yn canu harmoni'r Pasg,
Cododd Iesu!
Organ yn canu nodau llawen,
Cododd Iesu!
Gweddïo gweddïau a chanu emynau,
Cododd Iesu!
Clychau'n atseinio ymhell ac agos,
Cododd Iesu!
Bydded i'r nefoedd a'r ddaear lawenhau,
Cododd Iesu!

Addasiad o waith Jenny Child

❖ Bendithiwn y Crist Byw

Bendithiwn y Crist Byw;
mae wedi torri'n rhydd o'r bedd
ac wedi agor y ffordd i fywyd tragwyddol.
Bendithiwn y Crist Byw;
mae wedi cyfarch ei ddisgyblion
ac wedi addo ei bresenoldeb i'r dau neu dri.
Bendithiwn y Crist Byw;
wedi dod i roi bywyd newydd,
goleuni, llawenydd a gobaith.
Bendithiwn y Crist Byw.

David Adam

❖ Crist y bywyd newydd

Crist y Pasg,
Treigla'r maen.
Crist y Bywyd newydd,
Treigla'r maen.
Crist y gobaith,
Treigla'r maen.
Crist y llawenydd,
Treigla'r maen.
Gwna ni'n dystion o'r atgyfodiad,
Treigla'r maen.

Golygydd

Y Sulgwyn – Dyfodiad yr Ysbryd Glân

❖ **Tyrd, Arglwydd**
Tyrd, Ysbryd Glân, i'n c'lonnau ni
A dod d'oleuni nefol.

Tyrd megis Anadl Duw,
A'n bywiocáu.

Tyrd megis Tafodau Tân,
A'n puro'n llwyr.

Tyrd megis Dyfroedd Byw,
A'n diwallu.

Tyrd megis Gwynt Nerthol,
A'n cynhyrfu.

Tyrd megis Colomen Wen,
Â'i hedd i ni.

Tyrd megis y Diddanydd Mwyn,
A'n cysuro.

Tyrd, Arglwydd, yn dy holl gyflawnder,
A llanw ni â'th ras.

Cwmplin

❖ O, Arglwydd Iesu

O Arglwydd Iesu, galluoga ni drwy dy Ysbryd i wybod y gwirionedd,
fel y daw'n eglur i ni beth y dylem ei gredu a'i gyflawni.
O Arglwydd Iesu, rho i ni galonnau a meddyliau sy'n barod i ddysgu
fel, o wrando, y cawn ddysgu ac ufuddhau.
O Arglwydd Iesu, rho i ni dy Ysbryd
fel y cofiwn amdanat pan dueddwn i'th anghofio,
ac fel y cawn ein hatgoffa o'th orchmynion pan demtir ni i'w torri.
O Arglwydd Iesu, helpa ni i sylweddoli bod
pob darganfyddiad a llwyddiant,
pob harddwch a gwirionedd, ym myd llenyddiaeth,
meddygaeth a gwyddoniaeth
yn waith yr Ysbryd,
yn defnyddio pobl heb yn wybod iddyn nhw eu hunain.
O Arglwydd Iesu, pan na ddeallwn fel y dylem, rho i ni dy Ysbryd
fel y daw'r cyfan yn eglur i ni.

William Barclay

❖ Tyrd, Ysbryd Glân

Tyrd, Ysbryd Glân.
Tyrd i adnewyddu wyneb y ddaear.
Tyrd, Ysbryd Glân.
Tyrd i ddod â threfn o dryblith.
Tyrd, Ysbryd Glân.
Tyrd i roi trefn a phwrpas i'n bywydau.
Tyrd, Ysbryd Glân.
Tyrd i gyniwair yn nyfnderoedd ein calonnau.
Tyrd, Ysbryd Glân.
Tyrd i anadlu bywyd newydd yn y greadigaeth.
Tyrd, Ysbryd Glân.
Tyrd i anadlu bywyd newydd yn yr esgyrn sychion
a'n bywhau.

David Adam

❖ Llenwi'r llestri gweigion

Arglwydd, llanwa'r llestri gweigion
   â'th Ysbryd Glân,
   fel y gallwn fynd allan i'r byd
   i ddangos dy gariad i fyd drylliedig
   a briwedig.

Jenny Child

❖ Sanctaidd wyt ti

O Ysbryd Glân,
   Ddiddanydd, danllyd Ysbryd,
   bywyd pob creadur:
   sanctaidd wyt ti –
   ti sy'n rhoi bodolaeth
   i bob peth.
Sanctaidd wyt ti –
   ti wyt yn falm
   i'r rhai a glwyfwyd hyd at angau.
   Sanctaidd wyt ti –
   ti wyt yn glanhau'r clwyf dyfnaf.
Dân cariad,
   anadl pob sancteiddrwydd,
   rwyt ti mor felys i'n calonnau.
Rwyt yn llenwi dyfnderau'n calonnau
   â pheraroglau dy ras a'th rinwedd.

Hildegard o Bingen

❖   Eiddo Duw i'r byd

Gwêl dy ddwylo,
gwêl y cyffyrddiad a'r tynerwch:
Eiddo Duw i'r byd.
Gwêl dy draed,
gwêl y llwybr a'r cyfeiriad:
Eiddo Duw i'r byd.
Gwêl dy galon,
gwêl y tân a'r cariad:
Eiddo Duw i'r byd.
Gwêl y groes,
gwêl Fab Duw a'n Gwaredwr ninnau:
Eiddo Duw i'r byd.
Hwn yw byd Duw:
Gwasanaethwn ef ynddo.

Wild Goose Worship Group

❖   Ysbryd y gwirionedd

Ysbryd y Gwirionedd
na all y byd ei amgyffred,
cyffwrdd â'n calonnau
â syfrdandod dy ddyfodiad;
llanw ni â dyhead
am dy dangnefedd ysgytwol Di;
a thania ni ag awydd
i lefaru dy air ffrwydrol Di
trwy Iesu Grist.

Janet Morley

Sul y Drindod

❖ **Y Tri i dragwyddoldeb**

Y Tri sydd trosof fi,
Y Tri sydd oddi tanaf,
Y Tri sydd uwch fy mhen,
Y Tri sydd ar y ddaear,
Y Tri sydd yn yr awyr,
Y Tri sydd yn y ncfocdd,
Y Tri sydd o'm cwmpas ymhob man.
Y Tri sydd uwch fy mhen.
Y Tri sydd ar y llwybr a gerddaf,
Y Tri sydd yn llenwi cyrrau'r ddaear,
Y Tri sydd yn ymchwydd y don,
Y Tri sydd yn cau amdanaf.
Y Tri i dragwyddoldeb.

Carmina Gadelica

❖ **Duw pawb**

Duw pawb,
yn Dri yn Un ac Un yn Dri,
yn llawn cariad,
yn llawn gras,
yn llawn nerth,
derbyn ein moliant
heddiw a phob dydd.

Golygydd

❖ Y tragwyddol Dri yn Un

Y tragwyddol Dri yn Un ac Un yn Dri.
Clyma ni'n dynn mewn undeb.
Clyma ni'n dynn mewn cariad.
Clyma ni'n dynn gyda'n hanwyliaid
sydd wedi'n gadael.
Clyma ni'n dynn â'r saint yn y gogoniant.
Dri yn Un ac Un yn Dri,
gwrando'n gweddi.

Carmina Gadelica

❖ Duw ein dirgelwch

O Dduw ein dirgelwch,
ti sy'n ein dwyn i fywyd,
yn ein galw i ryddid,
ac yn symud rhyngom mewn cariad:
gad i ni y fath fodd
ymuno yn naws y Drindod,
fel y bydd i'n bywydau d'adleisio di,
yn awr a byth bythoedd.

Janet Morley, cyf. Enid Morgan

❖ Sanctaidd Dri

Y Drindod
yn fy ngwarchod:
y Tad fo drosof,
y Gwaredwr o danaf,
yr Ysbryd o'm cwmpas:
y Tri Sanctaidd
yn f'amddiffyn.
Pan ddaw'r nos,
bendithia fy nghartref.
Sanctaidd Dri,
gwylia fi.
Pan ddaw cysgodion,
clyw fy nghri.
Sanctaidd Dri,
cylchyna fi,
fel y bo'n
Amen i ti,
Sanctaidd Dri,
o'm cwmpas i.

David Adam

Diolchgarwch am y Cynhaeaf

❖ Diolch am y drefn

Diolch i ti am wyrth dydd a nos,
haf a gaeaf, gwanwyn a hydref.
Am rod y tymhorau
a chylch rheolaidd bywyd,
ac am ein dibyniaeth
ar y drefn.

Golygydd

❖ Crist pia'r cyfan

Crist piau'r hedyn,
Crist piau'r sgubor.
Bydded i ni gael ein casglu
i sgubor Duw.
Crist piau'r môr,
Crist piau'r pysgod.
Bydded i ni gael ein casglu
yn rhwydau Duw.

Gweddi Wyddeleg

❖ Diolch am y cread

Diolchwn am y cread.
Diolchwn am y ddaear,
y mynyddoedd a'r dyffrynnoedd,
yr afonydd a'r moroedd
ac am holl ysblander
y Greadigaeth.
Dysg i ni weld dy ôl
yn amrywiaethau'r cread oll.

John Johansen-Berg

❖ Iachawdwriaeth gan Dduw

Rhodded Duw fara i chwi i borthi'ch newyn,
rhodded Duw ddŵr i chwi i ddiwallu'ch syched.
Bydded i Dduw a roddodd ei Fab
i gynnig iachawdwriaeth i chwi
roi i chwi ei Ysbryd i'ch galluogi i'w wasanaethu
a thrwy ei wasanaethu
wasanaethu eraill.

John Johansen-Berg

❖ Diolch am gynhaliaeth bob dydd

Duw y nefoedd uwchben,
y cymylau aneirif,
Duw yr awyr las,
yr haul crasboeth,
Duw y sêr a'r planedau,
y lleuad,
Duw y ddaear,
y gwynt iasol,
llifeiriant y dyfroedd.
Duw y crëwr a'r cynhaliwr,
diolch i ti am dy gynhaliaeth bob dydd.

Joyce Denham

❖ Parchu byd Duw

O Dduw ein creawdwr,
gwnaethost ni'n un â'r ddaear hon,
i'w meithrin a dwyn ffrwyth ohoni;
bydded i ni yn y fath fodd barchu ac anwylo
popeth sy'n cael bywyd gennyt ti,
fel y cawn rannu yng ngwaith y cread cyfan
i esgor ar dy ogoniant cuddiedig,
trwy Iesu Grist.

Janet Morley

Sul y Beibl

❖ Diolch am y Gair

Diolch i'r rhai a'n tywysodd at dudalennau'r Beibl,
y rhai a agorodd neges yr Ysgrythurau i ni,
y rhai a rannodd eu dealltwriaeth o'r Beibl â ni,
y rhai a lwyddodd i ddod â neges y Beibl yn fyw i ni,
y rhai a ddangosodd i ni sut i fyw neges y Beibl
yn ein hoes a'n cyfnod ni.
Ond paid â gadael i ni feddwl mai yng ngeiriau'r Beibl
yn unig yr wyt ti'n datgelu dy hun.
Boed i ni ddod i'th adnabod ar y ffordd heddiw.

Golygydd

❖ Clywed Ei Lais

Wrth i ni ymdawelu a llonyddu
gad i ni glywed dy lais.
Y llais sy'n ein herio trwy dudalennau'r Beibl.
Y datguddiad ohonot ti.
Yr her sy'n ein galw
i fyw bywydau gwahanol.
Bywydau sy'n deilwng ohonot ti.
Gad i'r Beibl ein trawsffurfio
i fod yn fodau newydd
o gariad, trugaredd a thosturi.
Gwrando'n gweddi.

Golygydd

❖ Dysg ni yn dy air

Dysg ni i sylweddoli ein tlodi ysbrydol
ac i gydnabod ein hangen amdanat ti.
Dysg ni i alaru am ein methiannau
ac i ganfod yr hedd sy'n deillio ohonot ti.
Dysg ni i orchfygu pob balchder
a dysgu byw yn ostyngedig.
Dysg ni i ddyheu am gyfiawnder
ac y profwn y diddanwch sydd ynot ti.
Dysg ni i weithredu trugaredd
ac ymatal rhag peri loes i eraill.
Dysg ni i fod yn bur
fel y cawn deimlo dy sancteiddrwydd di.
Dysg ni i wrthsefyll pob creulondeb
fel y gallwn fyw yn heddychlon â phawb.
Dysg ni i dystio i'r gwir a'r cyfiawn
fel na bydd arnom gywilydd o neges Iesu.

Seiliedig ar Mathew 5: 3–10

Gweddïau'r Daith

Gwyn eu byd y rhai yr wyt ti'n noddfa iddynt, a ffordd y pererinion yn eu calon.
Salm 84: 5

Gwrando fy ngweddi, O Arglwydd, a rho glust i'm cri; paid â diystyru fy nagrau. Oherwydd ymdeithydd gyda thi ydwyf, a phererin fel fy holl hynafiaid.
Salm 39: 12

Meddai wrthynt, 'Peidiwch â chymryd dim ar gyfer y daith, na ffon na chod na bara nac arian ... '
Luc 9: 3

Adroddasant hwythau yr hanes am eu taith, ac fel yr oeddent wedi ei adnabod ef ar doriad y bara.
Luc 24: 35

Mae'r cysyniad o daith yn allweddol i fywyd dyn ar y ddaear. Ar alwad Duw, cychwynnodd Abraham ar ei daith tua Gwlad yr Addewid ac mae'r daith wedi bod yn rhan o ysfa dynoliaeth byth wedyn nid yn unig ar hyd a lled y byd ond hefyd i entrychion y gofod. Galwad i ddilyn oedd galwad Crist ar lan y llyn, yr alwad i fentro i'r anwybod, ac mae'r grefydd Gristnogol yn ein herio i ddilyn Un nad oedd ganddo le i roi ei ben i lawr. Crist ei hun yw'r ffordd a Phobl y Ffordd oedd yr hen enw ar ei ddilynwyr. Ar y daith, wynebodd Crist anawsterau, peryglon a chaledi ac nid yw ei ddilynwyr i ddisgwyl dim llai. Fe all y daith fod yn anodd ac yn anghysurus ac mae'r traddodiad Celtaidd yn ein paratoi a'n hatgoffa pa mor ddyrys yw'r daith. Mae hi'n daith fewnol, a'r daith hwyaf a'r anoddaf bob amser yw'r daith honno. Down at air yn y traddodiad Celtaidd nad oes mo'i debyg yn y byd Cristnogol – 'peregrinatio'. Mor wahanol yw'r gair hwn i'r gair Cymraeg er ei fod yn swnio'n debyg i'r gair – 'pererindod'. Mae gan y pererin nod i gyrchfan arbennig ond mae'r gair 'peregrinatio' yn golygu bod yn barod i fynd i ble bynnag mae'r Ysbryd yn arwain. 'Y mae'r gwynt yn chwythu lle y myn' (Ioan 3: 8). Yr ysgogiad bob amser yw ymateb ac ufuddhau i'r llais sy'n galw.

Mae gweddïau'r adran hon wedi'u rhannu dan dri phennawd.
Dyma'r penawdau:
Pwrpas y daith
Nerth ar y daith
Cydymaith ar y daith

Pwrpas y daith

❖ Cerdded llwybrau ei gariad
Golchi traed dy ddisgyblion,
Ac estyn cwpan o ddŵr i'r sychedig:

Iacháu'r cleifion a chysuro'r trist,
A mynd o amgylch gan wneud daioni:

Gwasanaethu'r anghenus a chynorthwyo'r gwan,
A thrwy hynny dy wasanaethu di:

Caru ein gelynion, gweddïo dros y rhai sy'n ein herlid,
A bod yn blant i'n Tad sydd yn y nefoedd:

Pa beth bynnag y dymunwn i ddynion ei wneud i ni,
Gwnawn ninnau felly iddynt hwy:

Hyn yw'r Gyfraith a'r Proffwydi:
Hyn a ddysgaist i ni.

Cynorthwya ni, yn ddiolchgar ac yn ufudd,
i gerdded llwybrau dy gariad.
Dyma ni, at dy wasanaeth, Arglwydd.
                    Elfed ap Nefydd Roberts

❖ Torra dy enw, Arglwydd

Torra dy enw, Arglwydd, ar fy nghalon
i aros yno wedi ei gerfio yn annileadwy
fel na all na hawddfyd nac adfyd
fyth fy symud o'th gariad.
Bydd i mi'n dŵr cadarn,
yn gysur mewn trallod,
yn waredwr mewn blinder,
yn gymorth hawdd ei gael mewn cyfyngder
ac yn arweinydd i'r nefoedd,
drwy holl demtasiynau a
pheryglon y bywyd hwn.

Thomas à Kempis

❖ Teimlo cyffyrddiad y nefoedd

Arglwydd, aflonydda ni i chwilio amdanat,
bywha ein meddyliau i ddod i'th adnabod,
agor ein clustiau i wrando arnat,
caniatâ i ni gael cipolwg o'th ogoniant
fel y gallwn deimlo cyffyrddiad
y nefoedd yn ein bywydau.

Jenny Child

❖ Rho i ni ddoethineb

O Dduw pob trugaredd,
Rho i ni ddoethineb i'th ganfod di,
Deallusrwydd i'th ddeall di,
Dyfalbarhad i'th geisio di,
Llygaid i'th weled di,
Calon i fyfyrio arnat ti,
A bywyd i gyhoeddi dy neges
drwy nerth Ysbryd
ein Harglwydd Iesu Grist.

Sant Bened

❖ **Gweld dy wyneb Di**

Gad i mi weld dy wyneb di
yn wynebau pobl eraill,
fel y gallaf weld dy bresenoldeb di
ym mhawb a ddaw ar fy llwybr heddiw.

Jenny Child

❖ **O Dad, rho i mi**

O Dad,
rho i mi amynedd i wrando, i aros,
rho i mi dawelwch i fyfyrio, i feddwl,
rho i mi gariad i'w rannu, i ofalu,
rho i mi gymhelliad i weithredu, i wneud,
rho i mi dangnefedd i lonyddu, i adfywio.

Jenny Child

❖ **Ffydd, gobaith a chariad**

Cyfoethoga, Arglwydd, fy nghalon,
fy nwylo, a'm tafod gyda
ffydd, gobaith a chariad,
fel y gallaf redeg, codi ac
ymlacio ynot ti.

Celtic Daily Prayer

❖ **Dysg ni i'th wasanaethu**

Dysg ni, Arglwydd,
i'th wasanaethu fel yr haeddi;
i roi heb gyfri'r gost;
i frwydro heb ystyried y clwyfau;
i weithio heb geisio gorffwys;
i lafurio heb ddisgwyl unrhyw wobr
ond gwybod ein bod yn gwneud dy ewyllys di.

Ignatius o Loyola

❖   Y ffordd, y gwirionedd a'r bywyd

O Arglwydd Iesu Grist,
dywedaist mai ti yw'r ffordd,
y gwirionedd, a'r bywyd.
Na ad i ni grwydro oddi arnat ti, y ffordd,
na'th amau di, y gwirionedd,
nac ymfodloni ar unrhyw beth ond arnat ti,
y bywyd.

Desiderius Erasmus

❖   Beth sydd orau i mi

Gwyddost ti, Arglwydd, beth sydd orau i mi.
Gwneler y peth hwn neu'r peth arall, fel y mynni di.
Dyro i mi yr hyn a fynni, faint a fynni a phryd bynnag y mynni.

Thomas à Kempis

❖   Tangnefedd Crist yn gyntaf

Tangnefedd rhwng cymdogion,
Tangnefedd rhwng teuluoedd,
Tangnefedd rhwng cariadon,
Yng nghariad Brenin bywyd.

Tangnefedd rhwng person a pherson,
Tangnefedd rhwng gŵr a gwraig,
Tangnefedd rhwng oedolion a phlant,
Tangnefedd Crist uwchlaw pob tangnefedd.

Bendithia, O Grist fy wyneb,
Bydded i'm hwyneb fendithio pob peth;
Bendithia, O Grist, fy llygaid,
Bydded i'm llygaid fendithio pob peth a welaf.

Carmina Gadelica

❖ Plygwn o'th flaen

Rhoddwn i ti ein haddoliad,
Gyda'n holl fywyd.
Rhoddwn i ti ein cymhellion,
Gyda'n holl arddeliad.
Rhoddwn i ti ein holl fodolaeth,
Gyda'n holl feddwl.
Plygwn o'th flaen
Gyda'n holl ddyhead.

Cymuned Iona

❖ Cyfiawnder a phrydferthwch

Os bydd cyfiawnder yn y galon,
bydd prydferthwch yn y bersonoliaeth.
Os bydd prydferthwch yn y bersonoliaeth,
bydd cytgord ar yr aelwyd.
Os bydd cytgord ar yr aelwyd,
bydd trefn yn y wlad.
Os bydd trefn yn y wlad,
bydd heddwch ar y ddaear.
Bydded felly.

Bendith Albanaidd

❖ Yr hyn yr wyt yn ei ddisgwyl gennyf

Arglwydd, rho i mi yr hyn yr wyt yn ei ddisgwyl gennyf.

Sant Austin

❖ Daioni yn drech na drygioni

Mae daioni yn gryfach na drygioni;
cariad yn gryfach na chasineb;
goleuni yn gryfach na thywyllwch;
bywyd yn gryfach na marwolaeth;
i ni mae'r fuddugoliaeth trwy'r hwn a'n carodd.

Desmond Tutu

❖ Gweddi Dewi Sant

Arglwyddi, frodyr a chwiorydd,
byddwch lawen a chedwch eich ffydd a'ch crefydd,
a gwnewch y pethau bychain a glywsoch ac a welsoch gennyf fi.
A minnau a gerddaf y ffordd yr aeth ein tadau iddi, ac yn iach i chwi.

Dewi Sant

❖ Gwna fi'n ddewr a chryf

Arglwydd, os gweli'n dda,
gwna fi'n ddewr a chryf
i wynebu bywyd
gyda thi.

Stephen Matthew

❖ Ein creu i lawenydd

Fel mae'r llaw wedi'i gwneud i afael a'r llygaid i weld, rwyt ti wedi fy nghreu i, O Dduw, i lawenydd. Rho i mi'r weledigaeth i ddarganfod llawenydd ym mhob man, ym mhrydferthwch y fioled, yng nghân yr ehedydd, yn nycnwch pob unigolyn, yng ngwên plentyn bach, yng nghariad mam ac ym mhurdeb Iesu.

Gweddi Geltaidd o'r Alban

❖ Gweddi am heddwch

Duw, o amryw enwau,
sy'n caru pob gwlad a hil.
Gweddïwn am heddwch
yn ein calonnau,
ar ein haelwydydd,
ymysg y gwledydd,
ac yn ein byd.
Tangnefedd dy ewyllys di.
Tangnefedd dy gariad di.

George Appleton

❖ Duw y crwydryn a'r pererin

Duw y crwydryn a'r pererin, boed i ni ddarganfod diogelwch ynot ti ac nid yn ein meddiannau. Boed i'n cartrefi fod yn ddrysau agored i bawb a'n calonnau i'n gilydd fel bod ein taith yn ysgafnach, a gyda'n gilydd fe gyrhaeddwn yn ddiogel.

Stephen Orchard

❖ Rho oleuni i mi

Dywedais wrth y gŵr oedd yn sefyll wrth borth y flwyddyn, 'Rho oleuni i mi fel y gallaf droedio'n ddiogel i'r anwybod.' Atebodd fi, 'Dos allan i'r tywyllwch a rho dy law yn llaw Duw. Bydd hyn yn well i ti nag unrhyw oleuni ac yn ddiogelach nag unrhyw ffordd.'

Minnie Louise Harkins

❖ Ysbryd byw, bydd i mi

Ysbryd Byw, Gŵydd wyllt yr Anfeidrol,
bydd i mi'n llygaid mewn lleoedd tywyll,
bydd i mi'n ddihangfa mewn lleoedd geirwon,
bydd i mi'n westai mewn lleoedd anghyfannedd,
bydd i mi'n gymorth yn y lleoedd diffaith,
bydd i mi'n ddihangfa yn y lleoedd anhygyrch.

Cymuned Iona

❖ Dysg fi, O Dduw

Dysg fi, O Dduw,
pryd i fod yn ddistaw a phryd i siarad,
pryd i wrando a phryd i ymadael,
pryd i foli a phryd i ymatal,
pryd i chwerthin a phryd i wylo,
pryd i ddweud a phryd i ddistewi.

Celtic Daily Light

❖ Yr Iôr a geisi yno

Myned i Rufain: mawr lafur, bach elw.
Yr Iôr a geisi yno,
onid ei ag ef gennyt, nis cei.

Ar Drothwy Goleuni

❖ Derbyn ni yn dy freichiau

O dreio'r llanw
i'w lifeiriant,
o gynnydd bywyd i'w leihad.
O'th dangnefedd rho i ni,
O'th oleuni arwain ni,
O'th ddaioni cyfoethoga ni,
O'th rym gofala amdanom,
O'th gariad cofleidia ni.
Ac yn dy freichiau derbyn ni,
O dreio'r llanw
i'w lifeiriant,
o gynnydd bywyd
i'w leihad.

David Adam

❖ Rwyf yma

Abba, Dad,
rwyf yma,
i ti,
i mi fy hun,
i'r byd,
i'r foment hon.
Rwyf yma …

Angela Ashwin

❖ Cerdda gyda mi heddiw

Tyrd, cerdda gyda mi heddiw.
Golcha fy nhraed cyn i mi gychwyn ar fy nhaith
a dysg fi sut i wasanaethu.
Rho fara yn fy llaw heddiw gan fod arnaf angen bwyd ar fy nhaith.
Rhanna gwpan dy ryddhad fel y gallaf rannu dy faddeuant.
Cadw fi'n agored i onestrwydd a rho nerth i mi ddweud fy nweud.
Os byddaf yn methu ac yn syrthio, dangos i mi'r ffordd yn ôl.
Boed i'r trugaredd fyddaf yn ei dderbyn fy ngwneud yn fwy trugarog,
y dealltwriaeth rwyt ti'n ddangos i mi, yn fy helpu i ddeall.
Cadw fy llygaid cysglyd yn effro i'r anghyfiawnder
sy'n digwydd o'm cwmpas.
Cofia amdana i drwy'r dydd,
hyd yn oed pan na fydda i'n cofio amdanat ti.
O, yr un ffyddlon a chyson, cadw lygaid arna i ar y daith heddiw.

The Celtic Wheel of the Year

❖ Arglwydd, rho obaith

Arglwydd, dymunwn gyflwyno i'th ofal
bawb sydd mewn angen ac mewn gofid:

i'r rhai sy'n dioddef:
Arglwydd, rho esmwythâd;

i'r rhai sy'n flinedig:
Arglwydd, rho orffwys;

i'r rhai sy'n drist:
Arglwydd, rho ddiddanwch;

i'r rhai sy'n newynu:
Arglwydd, rho ymborth;

i'r rhai sydd mewn dryswch ac ansicrwydd:
Arglwydd, rho gyfarwyddyd;

i'r rhai sy'n dioddef gormes a chreulondeb:
Arglwydd, rho obaith am ryddid a gwell byd.

Gofynnwn hyn yn enw ac yn haeddiant
Iesu Grist ein Harglwydd.

Elfed ap Nefydd Roberts

❖ **Cyflwyno'n hunain i Dduw**
Cyflwynwn i ti, O Arglwydd,
ein heneidiau a'n cyrff,
ein meddyliau a'n myfyrdodau,
ein gweddïau a'n gobeithion,
ein hiechyd a'n gwaith,
ein bywyd a'n marw,
ein rhieni a'n brodyr a'n chwiorydd,
ein cymwynaswyr a'n ffrindiau,
ein cymdogion a'n cyd-wladwyr
a'n holl gwmni Cristnogol
heddiw ac am byth.

Lancelot Andrewes

❖ **Dilyn Iesu**
Rwy'n mynd i'r lle mae Iesu'n mynd,
allan i'r byd at yr unig a'r llesg.
Awn gyda'n gilydd.

Celtic Daily Prayer

❖ Dwylo, traed a gwefusau

O Grist,
fy nwylo i ydi dy ddwylo di
i wneud dy waith yn y byd.
Fy nhraed i ydi dy draed di
i wneud dy waith yn y byd.
Fy ngwefusau i ydi dy wefusau di
i gyhoeddi dy neges di i'r byd.

Seiliedig ar weddi St Teresa

❖ Crist y Saer

Crist y saer,
helpa ni i gael dwylo budron
i gyflawni dy waith yn y byd.

Gweddi Iona

❖ Llestr gwag

Wele, Arglwydd, lestr gwag
sydd angen ei lenwi.
Rwy'n wan fy ffydd,
cryfha fi mewn cariad.
Rwy'n oer,
cynhesa fi a gwna i'm cariad fynd allan at
fy nghymydog.
Nid oes gennyf ffydd gadarn, ddiysgog;
ar brydiau rwy'n amau ac yn methu ymddiried ynot ti.
Cryfha fy ffydd
a'm hymddiriedaeth ynot ti.

Martin Luther

Nerth ar y daith

❖ Tyrd, Arglwydd

Tyrd, Arglwydd, i lywodraethu arnom.
Tyrd i'n calonnau:
A llanw hwy â'th gariad.

Tyrd, Arglwydd, i'n meddyliau:
A llanw hwy â'th wirionedd.

Tyrd, Arglwydd, i'n heneidiau:
A llanw hwy â'th dangnefedd.

Tyrd, Arglwydd, i'n dyddiau:
A llanw hwy â'th oleuni.

Tyrd, Arglwydd, i'n bywydau:
A llanw hwy â'th lawenydd.
Tyrd, Arglwydd, i lywodraethu arnom.

Elfed ap Nefydd Roberts

❖ Cynnal ni trwy'n hoes

O Arglwydd, cynnal ni trwy gydol dydd ein bywyd blin, hyd onid estynno'r cysgodion a dyfod yr hwyr, distewi o ddwndwr byd, tawelu o dwymyn bywyd, a gorffen ein gwaith. Yna, Arglwydd, yn dy drugaredd, dyro inni lety diogel, gorffwysfa sanctaidd a thangnefedd yn y diwedd, trwy Iesu Grist ein Harglwydd.

Llyfr Gweddi Gyffredin

❖ Gweddi o ymgysegriad

Diolch fo i ti, O Arglwydd Iesu Grist,
Am yr holl boenau a'r gwaradwyddiadau creulon
A ddioddefaist drosof fi;
Am yr holl fendithion lu
A enillaist ti i mi.
O Sanctaidd Iesu, drugarocaf Iachawdwr,
Gyfaill a Brawd,
Pâr imi dy adnabod yn gliriach,
Dy garu'n anwylach,
A'th ddilyn yn agosach
Byth bythoedd.

Richard o Chichester

❖ Hon yw'r daith

Hon yw'r daith sy'n ein harwain tu hwnt i'n ffiniau.
Bydd yn gwmpawd ac yn nerth i ni.
Hon yw'r daith ar gyfer pawb sy'n dyheu am her.
Bydd yn gwmpawd ac yn nerth i ni.
Hon yw'r daith ar gyfer pawb sy'n chwilio am y gwirionedd.
Bydd yn gwmpawd ac yn nerth i ni.
Hon yw'r daith sy'n mynd â ni ymhellach nag y buom erioed.
Bydd yn gwmpawd ac yn nerth i ni.
Hon yw'r daith sy'n werth ei cherdded.
Bydd yn gwmpawd ac yn nerth i ni.

Golygydd

❖ Duw gyda ni ar y daith

Ar y daith, mae Duw yn dweud:
Rwyf gyda thi,
Rwy'n cydio ynot,
Rwy'n galw arnat,
Rwy'n gofalu amdanat,
Rwy'n teithio gyda thi,
Rwyf yn rhoi fy hun i ti,
Rwyf efo ti ar y daith.
Myfi yw Duw, y Duw sy'n rhoi fy nghariad a'm nerth.
Bydded i ni deithio mewn tangnefedd.

Prayers for All Seasons

❖ Cerdded yng nghwmni Crist

Boed i'r Crist sy'n cerdded ar draed clwyfedig
gerdded gyda chi ar y ffordd.
Boed i'r Crist sy'n gwasanaethu â dwylo clwyfedig
ymestyn eich dwylo chi i wasanaethu.
Boed i'r Crist sy'n caru â chalon glwyfedig
agor eich calon i garu eraill.
Boed i chi weld wyneb Crist ym mhob un a welwch
a boed i bob un a welsoch chi
weld wyneb Crist ynoch chi.

Gweddi Geltaidd

❖ Y Duw sy'n cynnal

Boed i Dduw, sy'n gariad, eich caru.
Boed i Dduw, sy'n rhyddid, eich rhyddhau.
Boed i Dduw, sy'n iachäwr, eich adfer i gyflawnder.
Boed i nerth Duw eich cynnal ar y daith,
yn enwedig pan fo'r ysbryd yn gwegian
a'r nerth yn pallu.

Prayers for All Seasons

❖ Tyrd i'n plith

Iesu, y ffoadur,
Tyrd i'n plith.
Iesu, ffrind y tlawd,
Tyrd i'n plith.
Iesu, cyfaill yr alltud,
Tyrd i'n plith.
Crist, bwyd i'r newynog,
Tyrd i'n plith.
Crist, iechyd i'r claf,
Tyrd i'n plith.
Crist, iachawdwr y byd,
Tyrd i'n plith.
Iesu, negesydd y newyddion da,
Tyrd i'n plith.
Iesu, ein gobaith,
Tyrd i'n plith.

David Adam

❖ O Dad, maddau

Rydym oll wedi pechu a syrthio'n brin o ogoniant Duw.
Y casineb sy'n gwahanu cenedl oddi wrth genedl,
hil oddi wrth hil, dosbarth oddi wrth ddosbarth,
O Dad, maddau.

Y dyheadau trachwantus gan bobl a chenhedloedd
i feddiannu yr hyn nad ydynt yn berchen arno,
O Dad, maddau.

Y chwant sy'n camddefnyddio llafur dynion,
ac yn gwastraffu'r ddaear,
O Dad, maddau.

Ein heiddigedd o les a hapusrwydd eraill,
O Dad, maddau.

Ein difaterwch ynghylch y carcharor, y digartref a'r ffoadur,
O Dad, maddau.

Y trachwant a ddefnyddia i bwrpas cywilyddus
gyrff gwŷr, gwragedd a phlant,
O Dad, maddau.

Y balchder sy'n ein harwain i ymddiried ynom ein hunain
ac nid yn Nuw,
O Dad, maddau.

Eglwys Gadeiriol Coventry

❖ **Credaf yn Nuw**

Credaf yn yr haul, er nad yw'n tywynnu.
Credaf yn y cariad, er na allaf ei deimlo.
Credaf yn Nuw, er nad wyf yn ei weld.

The Pilgrim Prayerbook

❖ **Grisiau o dawelwch**

Munudau o osteg dwys.
Plygu gerbron yr allor bren
yng nghanol muriau o garreg
yn yr haf, yn disgwyl i Dduw
gyfathrebu;
yr aer yn risiau
o dawelwch ...

R. S. Thomas

❖ Gwelsom ddieithryn ddoe

Gwelsom ddieithryn ddoe.
Rhoesom fwyd ar y bwrdd,
diod yn y cwpan
a cherddoriaeth yn y cefndir.
Ac, yn enw cysegredig y Drindod,
bendithiodd ni a'n haelwyd,
ein hanifeiliaid a'n hanwyliaid.
Mor aml mae Crist yn cerdded
dan gochl dieithryn.

Peter W. Millar

❖ Tyrd, Arglwydd Iesu

Tyrd, Arglwydd Iesu.
Pan fo'r byd yn dywyll fel y fagddu
Ti yw'r Un sy'n oleuni.
Tyrd, Arglwydd Iesu.
Pan fyddwn ni ar goll
Ti yw'r Un sy'n ffordd.
Tyrd, Arglwydd Iesu.
Pan fyddwn ni'n syrthio ar y daith
Ti yw'r Un sy'n adfywio.
Tyrd, Arglwydd Iesu.
Pan fydd anawsterau'n ein llethu
Ti yw'r Un sy'n llonyddu.
Tyrd, Arglwydd Iesu.
Pan fydd stormydd bywyd yn cynyddu
Ti yw'r Un sy'n tawelu.
Tyrd, Arglwydd Iesu.
Pan fo'n bywyd yn llawn o drallod
Ti yw'r Un y gallwn droi ato.
Tyrd, Arglwydd Iesu.
Pan fôm yn isel ac yn unig
Ti yw'r atgyfodiad sy'n adnewyddu.
Tyrd, Arglwydd Iesu.

David Adam

❖ Y cyfan mae'n calon yn ei ddeisyf

Dymunwn i chwi –
Furiau rhag y gwynt
a tho rhag y glaw,
lluniaeth wrth y tân
a llawenydd i godi'ch calon
ynghyd â'r rhai annwyl o'ch cwmpas,
a'r cyfan mae eich calon yn ei ddeisyf.

Bendith Geltaidd

❖ Dim ond hapusrwydd

Bydded i'ch pryderon leihau
a'ch bendithion fwyhau,
a dim ond hapusrwydd
ddod i mewn drwy'r drws.

Bendith Geltaidd

❖ Esgidiau cryfion ar gyfer y daith

Os yw Duw yn eich anfon ar hyd y llwybrau caregog
Boed iddo roi esgidiau cryfion i chwi.

Gweddi Geltaidd

❖ Y ffrind ffyddlon

Bydded i Dduw roi i chi
enfys ar gyfer pob storm,
gwên ar gyfer pob deigryn,
addewid ar gyfer pob pryder
a bendith wrth wynebu'r treialon.
Am bob argyfwng mae bywyd yn ei roi
boed i chi gael ffrind ffyddlon i rannu'r baich.
Am bob ochenaid, cân soniarus,
ac ateb i bob gweddi.

Gweddi Wyddeleg

❖ Diolch am gael byw

O Dduw,
Rho i mi ychydig ffrindiau
sy'n barod i'm caru
am yr hyn ydw i.
Sydd bob amser yn
cydgerdded gyda mi ar y daith.
Ac er i mi ddod yn agos at
gastell fy mreuddwydion,
dysg fi i fod yn ddiolchgar
am gael byw.
A phan ddaw y cyfnos
rho i mi dangnefedd.

Gweddi Wyddeleg

❖ Cwch bach mewn môr mawr

Annwyl Dduw, bydd yn dda wrthyf. Mae dy fôr di mor fawr a'm cwch i mor fach.

Gweddi o Lydaw

❖ Tangnefedd gorffenedig

Tangnefedd gorffenedig y don a fo gyda thi;
Tangnefedd gorffenedig yr awel dyner a fo gyda thi;
Tangnefedd gorffenedig y ddaear ddistaw a fo gyda thi;
Tangnefedd gorffenedig y sêr disglair a fo gyda thi;
Tangnefedd gorffenedig y nos dawel a fo gyda thi.
Y lleuad a'r sêr llewyrched eu goleuni iachusol arnat.
Tangnefedd gorffenedig Crist goleuni'r byd a fo gyda thi;
Tangnefedd gorffenedig Crist.

Gweddi o'r Alban

❖ Rho i mi'r hedd

Rwy'n flinedig, yn oer a gwan,
Rwy'n flinedig wedi teithio môr a thir,
Rwy'n flinedig wedi teithio gweundir a thonnau.
Rho i mi'r hedd wedi i'r daith ddirwyn i ben.

Gweddi Geltaidd

❖ Helpa ni bob amser

O Dad, rho inni'r gostyngeiddrwydd sy'n:
Sylweddoli ein hanwybodaeth,
Cyfaddef ein camsyniadau,
Cydnabod ein hangen,
Croesawu cyngor,
Derbyn cerydd.
Helpa ni bob amser
I ganmol yn hytrach na beirniadu,
I gydymdeimlo yn hytrach na chondemnio,
I gefnogi yn hytrach na pheidio â chefnogi,
I adeiladu yn hytrach na dinistrio,
Ac i feddwl am bobl ar eu gorau yn hytrach nag ar eu gwaethaf.
Gofynnwn hyn er mwyn dy Enw.

William Barclay

❖ Gwasanaethu eraill

Addolwn di, O Grist, am i ti er ein mwyn
osod o'r neilltu dy nerth a'th ogoniant
a'th wisgo dy hun yn nillad ein dynoliaeth,
i fyw mewn tlodi yma ar y ddaear
ac i ddioddef angau ar y groes.
Dysg i ni wers dy ostyngeiddrwydd,
a gwacâ ein bywydau o bob balchder a hunanoldeb
fel y deuwn o hyd i'n llawenydd a'n cyflawnder
drwy wasanaethu eraill yn dy enw ac er dy fwyn.

Frank Colquhoun

❖ Mentro ymlaen yn ddiwyro

Dad, diolchwn i ti am i ni dderbyn cymorth ar y ffordd tuag atat
drwy brofiad teithwyr eraill.
Diolchwn i ti am yr hyn a wyddom am y disgyblion cyntaf,
eu methiannau cynnar a'u llwyddiannau olynol yn enw Crist.
Diolchwn i ti am y merthyron a'r saint y mae eu hanes
yn ein calonogi i weithredu a dioddef er mwyn yr efengyl.
Diolchwn i ti am y rheini y bu eu hysgrifennu, yn y Beibl
ac mewn llyfrau eraill, yn ein hannog i ddyfalbarhau.
Diolchwn i ti am bawb y gwyddom amdanynt
a fentrodd ymlaen yn ddiwyro
er gwaethaf y gofidiau ac ymyrraeth a diflastod bywyd beunyddiol.

Caryl Micklem

❖ Galw ar Dduw

Heddiw:
galwaf ar gryfder fy Nuw, i'm cyfeirio,
galwaf ar nerth fy Nuw, i'm cynnal,
galwaf ar ddoethineb fy Nuw, i'm harwain,
galwaf ar weledigaeth fy Nuw, i'm goleuo,
galwaf ar glust fy Nuw, i'm gwrando,
galwaf ar air fy Nuw, i'm siarad,
galwaf am law fy Nuw, i'm hamddiffyn,
galwaf am ffordd fy Nuw, o'm blaen,
galwaf am darian fy Nuw, i'm hamddiffyn,
galwaf ar angylion fy Nuw, i'm hachub
o grafangau ysbrydion drwg a'u maglau
a phob atyniad drwg
a phob methiant.

Padrig

❖ Myfi yw...

Myfi
yw'r wir winwydden: cynhaliwr bywyd.
Myfi
yw Goleuni'r Byd: gorchfygwr y tywyllwch.
Myfi
yw'r Bugail Da: hanfod gofal a chysur.
Myfi
yw Bara'r Bywyd: y bywyd nad yw byth yn darfod.
Myfi
yw'r Atgyfodiad: ffynhonnell bywyd ei hun.

Lucy Newton Boswell

❖ Curiad calon bywyd

Curiad calon bywyd,
cura drwy bopeth a wnaf heddiw.
Cura drwy fy nhraed nerth i mi droedio'r ddaear.
Cura drwy fy nghoesau
fel y gallaf fynd yr ail filltir gyda chyd-deithiwr.
Cura drwy fy nwylo
fel y gallaf gyffwrdd gyda rhyfeddod ar bopeth rwyt ti wedi'i greu.
Cura drwy fy nghalon
fel y gallaf deimlo cydberthynas popeth byw.
Cura drwy fy nghorff
fel y gallaf barchu yr hyn rwyf yn ei gymryd yn ganiataol.
Curiad calon bywyd,
cura drwy'r byd a minnau'n rhan ohono
pan wyf yn cymryd y cam cyntaf heddiw.

The Celtic Wheel of the Year

❖ Ti yw fy Ngwaredwr

Ti yw tangnefedd pob tawelwch,
Ti yw'r man i guddio rhag niwed,
Ti yw'r goleuni sy'n llewyrchu yn y tywyllwch,
Ti yw gwreichionen dragwyddol y galon,
Ti yw y drws sy'n llydan agored,
Ti yw y gwestai sy'n aros o'i fewn,
Ti yw'r dieithryn wrth y drws,
Ti yw'r un sy'n galw'r tlawd,
Ti yw f'Arglwydd sydd gyda mi byth,
Ti yw fy nghariad, cadw fi rhag cam,
Ti yw'r goleuni, y ffordd, y gwirionedd a'r bywyd,
Ti yw fy Ngwaredwr, y dydd hwn.

David Adam

Cydymaith ar y daith

❖ Cynnau cannwyll

Rydym yn cynnau'r gannwyll hon, Arglwydd,
ar gyfer tangnefedd,
Bydded i'r goleuni wasgaru'r tywyllwch;
Bydded i'r fflam fod yn symbol o obaith;
Bydded iddi losgi fel arwydd o ffydd
yn cysylltu â llu o oleuadau eraill i greu tangnefedd.
Rydym yn cynnau'r gannwyll hon i greu tangnefedd.
Bydded ein bywydau yn fynegiant o lonyddwch tangnefeddus;
Bydded i ni ymdrechu i fod yn oleuadau mewn byd tywyll,
yn cyfeirio atat ti, Iesu, Tywysog Tangnefedd,
a'th ddilyn di ar hyd ffordd tangnefedd.
Gad i'r gannwyll losgi,
fel arwydd o dangnefedd a gynigir
i Ti.

John Johansen-Berg

❖ Tywys ni yn dy ffordd

Arglwydd,
dal ein bywyd ni yn dy fywyd di.
Tywys ni yn dy ffordd,
nid yn ôl ein chwantau ni ond yn ôl dy ewyllys di,
nid yn ôl ein gwendid ni ond yn ôl dy gryfder di.
Bydded i'r bererindod gyrraedd ei nod
yn dy bresenoldeb, er dy ogoniant.

John Johansen-Berg

❖ Duw ffordd y pererinion

Duw ffordd y pererinion,
yn y wlad yr ydym yn ei galw'n gartref inni
rydym yn deulu o bobloedd.
Cafodd rhai o'r teulu eu geni yma
a daeth eraill yma o wledydd gwahanol,
ond rydym yn un bobl, un teulu, plant i ti.
Diolchwn iti am ein hamrywiaeth.
Gweddïwn dros rai sydd newydd gyrraedd yma.
Cyfoethoga ein meddyliau wrth inni rannu eu diwylliant ac wrth
iddynt hwy ddysgu mwy am ein treftadaeth ninnau.
Bydd yn agos i gysuro'r rhai sydd mewn ofn neu sy'n teimlo
gelyniaeth tuag atynt.
Dyro inni oll well dealltwriaeth o'n gilydd.
Arwain ni yn ffordd y cymod.

John Johansen-Berg

❖ Prydferthwch sancteiddrwydd

Hollalluog Dduw, addolwn di a mawrygwn dy enw sanctaidd.
Fe ddiolchwn nad wyt un amser ddim ymhell
oddi wrth y sawl sydd yn dy geisio,
a bod pawb sydd yn dy geisio yn dy gael.
Gelwaist ni i ymhyfrydu yn dy foliant,
canys ti a'n creaist er dy fwyn dy hun,
ac ni chaiff ein calonnau orffwysfa hyd oni orffwysant ynot ti.
Glanha feddyliau'n calonnau,
a sancteiddia ni yn dy wirionedd fel y rhoddwn i ti
ogoniant dy enw ac yr addolwn di
ym mhrydferthwch sancteiddrwydd.

Y Llawlyfr Gweddïo

❖ Ti yw ein Duw

Dragwyddol Dad,
drwy dy Ysbryd yn ymhyfrydu yn y byd,
creaist ni allan o lawenydd ac er llawenydd:
rho inni wybodaeth ddyfnach o'r llawenydd
a berthyn i ni yng Nghrist Iesu,
gan mai yma y gall ein calonnau fod yn falch,
ac yn y byd a ddaw y gall ein llawenydd fod yn gyflawn:
oherwydd gyda'r Mab a'r Ysbryd Glân,
Ti yw ein Duw, yn awr ac am byth.

Cadeirlan Efrog

❖ Boed i guriad bywyd lifeirio

Arglwydd,
mae 'na adegau pan ydw i angen bod yn ynys
draw, draw ymhell yng nghanol môr diderfyn.
Wedi torri'n rhydd oddi wrth bawb a phopeth,
ond eto wedi f'amgylchu gennyt ti.
Adegau o ddistawrwydd a thangnefedd
pan fo'r trybestod a'r tryblith yn distewi,
ac yn y tangnefedd gallaf droi atat ti.
Arglwydd y tir a'r môr,
y llanw a'r trai.
Boed i guriad bywyd lifeirio,
y llanw a'r trai.

David Adam

❖ Yn rhan o'r tir mawr

Arglwydd,
mae'n rhaid i mi fod yn rhan o'r tir mawr,
sarn rhyngof fi ac eraill.
Mae 'na adegau pan na allaf dy ddarganfod

ond wrth weithio yng nghwmni pobl
mewn masnach a diwydiant
yn rhyddhau fy hunan o gaethiwed.
Dim ond pan fydda i'n estyn llaw
y byddaf yn dod i'th adnabod di.
Arglwydd y tir a'r môr,
y llanw a'r trai.
Boed i guriad bywyd lifeirio,
y llanw a'r trai.

David Adam

❖ Cwmnïaeth hyfryd

Derbyn ein diolch, O Arglwydd tirion, am dy gwmnïaeth hyfryd ar hyd
taith bywyd. Beth bynnag a ddaw i'n rhan yn ystod oriau'r diwrnod hwn,
cynorthwya ni i gofio nad wyt ti byth yn ein gadael yn amddifad. Derbyn
ein diolch yn enw ac yn haeddiant dy Fab Iesu.

Wayne Hughes

❖ Bod yn barod

O Dduw,
paid â gadael i ni fod mor ffôl
â gwrthod dy ddisgyblaeth di.
Paid â gadael i ni fod yn rhy falch
fel na fedrwn ofyn am dy gyngor.
Paid â gadael i ni fod yn rhy hunanfeddiannol
fel na fedrwn dderbyn arweiniad.
Tyrd pan ydym yn drist, i'n cysuro,
tyrd pan fyddwn wedi blino, i'n hadfywio,
tyrd pan fyddwn yn unig, i'n calonogi,
tyrd pan fyddwn yn cael ein temtio, i'n cryfhau,
tyrd pan fyddwn dan straen, i'n harwain,

tyrd pan fyddwn yn llawen, i ddyblu'r llawenydd.

Pryd bynnag y byddi'n dod,
gobeithio y byddwn yn barod.

David Adam

❖ **Ysbrydola ni**

O Dduw cariadus a thrugarog,
luniwr gwawr a machlud godidog,
tyrd atom rhwng drysau caeëdig
ein meddyliau dryslyd a'n gofidiau.
Yn ddirybudd, tyrd i'n plith
a chydgerdda â ni
drwy ein hofnau a'n gobeithion
i'n cynnal a'n bywiocáu.
Ymyrra â'n ffyrdd a'n ffaeleddau
a'n gwaith a'n gwyliau.
Cysegra ein cartrefi a'n cyrddau,
a chyffwrdd â'n holl fywyd.
Arfoga bob un ohonom â'th ras a'th nerth
ac ysbrydola ni i bererindota;
trwy Iesu Grist ein Harglwydd a'n Gwaredwr.

Mil a Mwy o Weddïau

❖ **Anadla arnom, anadl Duw**

Ysbryd Duw, ti sy'n rhoi bywyd i'r byd.
Anadla arnom, anadl Duw.
Ysbryd Duw, ti sy'n rhoi arweiniad i'n harweinwyr.
Anadla arnom, anadl Duw.
Ysbryd Duw, ti sy'n rhoi doniau i'th bobl.
Anadla arnom, anadl Duw.
Ysbryd Duw, ti sy'n llywio'n bywydau.

Anadla arnom, anadl Duw.
Ysbryd Duw, ti sy'n cysuro'r gofidus.
Anadla arnom, anadl Duw.
Ysbryd Duw, bywiocâ dy eglwys.
Anadla arnom, anadl Duw.

David Adam

❖ Tyrd, Arglwydd, i deyrnasu

Tyrd, Arglwydd, i deyrnasu.
Tyrd i'n calonnau
a'u llenwi â chariad.
Tyrd, Arglwydd, i deyrnasu.
Tyrd i'n meddyliau
a'u llenwi â thangnefedd.
Tyrd, Arglwydd, i deyrnasu.
Tyrd i'n bywydau
a'u llenwi â goleuni.
Tyrd, Arglwydd, i deyrnasu.
Tyrd i oriau'n dyddiau
a'u llenwi â'th lawenydd.
Tyrd, Arglwydd, i deyrnasu.

David Adam

❖ Cân yr angylion

Wrth i mi aros a gwylio
a pheidio â cholli gobaith
bydded i bob dolur gael ei wella,
pob calon ddolurus ei chysuro;
bydded i'r caeth ddod yn rhydd
ynghyd â thangnefedd a heddwch gyda chân yr angylion.

Tess Ward

❖ Yr enw mwyaf mawr

Iesu'r Ffordd, cerdda gyda mi.
Iesu'r Gwirionedd, trawsffurfia fi.
Iesu'r Bywyd, câr fi.
Iesu'r Bugail, tyrd o hyd i mi.
Iesu'r Drws, cyfeiria fi.
Iesu'r Tangnefedd, sancteiddia fi.
Iesu'r Gorchfygwr, adfywia fi.

David Adam

❖ Pererinion ydym

O Dduw, ein Harglwydd Mawr,
cydnabyddwn taw pererinion ydym bob un,
benthycwyr nid meddianwyr,
ac nad oes inni yma ddinas barhaus.
Tywys ni heddiw a phob diwrnod
yn ôl dy gynllun di.
Cynorthwya ni drwy dy ewyllys,
i ddarganfod eto a dilyn
olion traed ein cyndeidiau,
wrth iddynt encilio o'r neilltu
i bant neu fryn
lle na fyddai:
na delw,
na gwenwisg,
na litwrgi,
i'w rhwystro rhag dy addoli di
mewn gostyngeiddrwydd diffuant anffurfiol.
A bydded i'n hymdrechion ni fod yn deilwng
o'th fendith nefol; trwy Iesu Grist ein Harglwydd.

Edwin C. Lewis

❖ Dy ddydd, bob dydd

O Dduw, bydd gyda mi
Yn hwn, dy ddydd,
Bob dydd,
Ac ymhob ffordd,
Gyda mi a throsof fi,
Yn hwn, dy ddydd.

Alistair Maclean

❖ Pererindod drwy fywyd

Grist ein Harglwydd,
aros gyda ni ar ein pererindod drwy fywyd:
pan betruswn, cynorthwya ni,
pan faglwn, dal ni,
a phan syrthiwn, cod ni i fyny.
Helpa ni i ddod, gam wrth gam,
i'n hadfeddiannu ni ein hunain,
ac atgoffa ni dy fod wedi teithio'r ffordd hon o'n blaenau ni.

Angela Ashwin

❖ Presenoldeb yr Arglwydd

Arglwydd,
bydd ynof i'm grymuso,
y tu allan i'm diogelu,
drosof i'm cysgodi,
oddi tanaf i'm cynnal,
o'm blaen i'm hailgyfeirio,
o'm hôl i'm dychwel,
o'm hamgylch i'm cadarnhau.

Lancelot Andrewes

❖ Rhoi'r cyfan i Dduw

Arglwydd Iesu,
rhoddaf iti fy nwylo i wneud dy waith di.
Rhoddaf iti fy nhraed i fynd dy ffordd di.
Rhoddaf iti fy llygaid i weld fel y gweli di.
Rhoddaf iti fy nhafod i lefaru dy eiriau di.
Rhoddaf iti fy meddwl fel y gelli di feddwl ynof i.
Uwchlaw popeth, rhoddaf iti fy nghalon fel y gelli garu ynof
dy Dad a'r holl ddynoliaeth.
Rhoddaf iti fy hunan yn gyfan gwbl fel y gelli dyfu ynof,
gan mai ti Arglwydd Iesu, yr hwn fydd fyw,
yn gweithio ac yn gweddïo ynof fi.
Arglwydd, cymeradwyaf i'th ofal:
fy enaid a'm corff,
fy meddwl a'm syniadau,
fy ngweddïau a'm gobeithion,
fy iechyd a'm llafur,
fy mywyd a'm hangau,
fy rhieni a'm teulu,
fy nghyfeillion a'm cymdogion,
fy ngwlad a phob un.
Y dydd hwn ac yn wastad.

Lancelot Andrewes

❖ Ar bob cam o'r daith

Duw a fo gyda thi ymhob dyffryn,
Iesu a fo gyda thi ar bob bryncyn,
yr Ysbryd Glân a fo gyda thi ar bob afon,
penrhyn, clogwyn a lawnt,
tir a môr, gweundir a rhostir,
wrth i ti fynd i gysgu a deffro,
ym mhant y tonnau a chrib y moryn,
ar bob cam o'r daith sydd o'th flaen.

Carmina Gadelica

❖ Crist y saith cyfeiriad

Crist y saith cyfeiriad ynof.
Crist uwch fy mhen i'm codi,
Crist islaw i'm cynnal,
Crist o'm blaen i'm harwain,
Crist o'm hôl i'm gwarchod,
Crist ar fy chwith i'm cyfarfod,
Crist ar fy nehau i'm cyfarch,
Crist o'm mewn i'm nerthu.

Dag Hammarskjöld

❖ Nerth a chryfder Duw

Llygad Duw arnaf,
Edrych arnaf yn dy ras.
Llaw Duw yn gafael ynof,
Cadw fi'n ddiogel.
Calon Duw i'm caru,
Cynorthwya fi i oroesi.
Grymoedd Duw o'm hamgylch,
Nertha a chryfha fi.

David Adam

❖ Yng nghledr llaw Duw

Boed i'r ffordd godi i ddod i'th gyfarfod,
boed i'r gwynt fod bob amser o'th ôl,
boed i'r haul dywynnu ar dy wyneb,
a'r glaw ddisgyn yn dawel ar dy dir
ac, hyd y cawn gyfarfod y tro nesaf,
boed i Dduw dy ddal yn dynn yng nghledr ei law.

Anhysbys

❖ **Fy hunan bach yn fy nghell**

Fy hunan bach yn fy nghell heb undyn ar fy mhwys:
dymunol fyddai encil fach cyn mynd i oedfa angau.

Cysegru corff ag arfer da, gwrol sathru arno,
a'm llygaid tlawd yn wylo am faddeuant i'm chwantau.

Camu ar hyd llwybrau'r Efengyl, salm-ganu oriau'r dydd,
gorffen â siarad, gorffen â chwedlau, cyson blygu glin.

Crist Mab Duw'n dod ataf, fy Nghrëwr, fy Rhi,
fy mryd yn ymestyn ato i'r ardal lle y mae.

Fy hunan bach yn fy nghell, fy hunan bach fel hyn,
fy hunan y deuthum i'r byd, fy hunan af ohono.

Ar Drothwy Goleuni

❖ **Duw yn unig sy'n digoni**

Ymddiriedwch yn Nuw.
Na foed i ddim eich cynhyrfu chi,
na foed i ddim eich cyffroi chi;
derfydd popeth:
erys Duw.
Caiff amynedd
bopeth y mae'n ymgyrraedd ato.
Gwêl yr hwn y mae Duw ganddo
nad oes arno angen dim:
Duw yn unig sy'n digoni.

Teresa o Avila

❖ **Cariad Duw yn cofleidio**

Boed i'r dafnau glaw syrthio'n ysgafn ar dy dalcen.
Boed i'r gwyntoedd tyner adnewyddu d'ysbryd.
Boed i'r heulwen sirioli dy galon.
Boed i ofalon y dydd orffwyso'n ysgafn arnat
a boed i Dduw dy gofleidio yn ei gariad.

Hen Weddi Wyddelig

❖ **Diogel yn dy gwmni**

Ar fy mhen fy hun, heb neb ond ti, Arglwydd,
dyma fi ar fy nhaith.
Nid ofnaf ddim pan wyt ti'n agos.
O Frenin dydd a nos,
teimlaf yn ddiogel yn dy gwmni.

St Columba

❖ **Bendithia, fy Nuw**

Bendithia, fy Nuw,
y tir o dan fy nhraed;
Bendithia, fy Nuw,
y llwybr yr wyf yn ei gerdded;
Bendithia, fy Nuw,
yr hyn yr wyf yn dyheu amdano;
am byth, yn dragywydd.
Bendithia fy ngorffwys.

Gweddi Geltaidd

❖ **Cadw ni yn dragywydd**

Arglwydd, dwyt ti ddim yn cysgu nac yn huno.
Cadw ein mynediad a'n dyfodiad
o'r pryd hwn hyd yn dragywydd.

Seiliedig ar Salm 121

❖ Byddwch yn amyneddgar

Na foed i ddim eich aflonyddu, dim eich cynhyrfu:
tra mae popeth yn gwywo a diflannu
rwyt ti, O Dduw, yn aros.
Byddwch yn amyneddgar
a byddwch yn derbyn yn helaeth
gyda Duw yn eich calon.
Mae Duw yn cyfarfod eich holl anghenion.

Teresa o Avila

❖ Bydded i lu Duw

Bydded i gryfder Duw ein llywio.
Bydded i nerth Duw ein cadw.
Bydded i ddoethineb Duw ein hyfforddi.
Bydded i law Duw ein hamddiffyn.
Bydded i ffordd Duw ein cyfeirio.
Bydded i darian Duw ein gwarchod.
Bydded i lu Duw ein diogelu rhag maglau drygioni
a themtasiynau'r byd.

Padrig

❖ Y Duw sy'n cynnal

Rwyt ti'n gadael i ni aros a disgwyl.
Ti, O Dduw yr holl amser,
rwyt ti eisiau i ni ddisgwyl
am yr amser gorau i ni ddarganfod
pwy yn union ydym, a lle mae'n rhaid i ni fynd.
Rwyt ti'n addo bod gyda ni, felly dangos beth mae'n rhaid i ni ei wneud.
Diolch i ti, O Dduw, am gyfnod i aros a disgwyl.

Rwyt ti'n gadael i ni edrych a sylwi.
Ti, O Dduw yr holl ofod,
rwyt ti am i ni edrych yn y lleoedd da a'r lleoedd drwg
am arwyddion o obaith,

am bobl sy'n anobeithio
am weledigaeth o fyd gwell fydd yn ymddangos
o ganol siomedigaethau'r presennol.
Diolch i ti, O Dduw, am gyfle i edrych a sylwi.

Rwyt ti'n gadael i ni garu.
Ti, O Dduw a'th enw ydi cariad,
rwyt ti am i ni fod fel ti –
yn caru'r digariad, yr hagr a'r anhawddgar;
yn caru heb genfigen, na bwriad, na bygythiad
ac, yr anoddaf un,
i garu ein hunain.
Diolch i ti, O Dduw, am gyfle i garu.

Ac yn hyn oll,
cadw ni.
Drwy gwestiynau anodd heb atebion hawdd;
drwy fethu lle roedden ni wedi gobeithio llwyddo
a dylanwadu pryd oedden ni'n teimlo'n ddiwerth;
a hynny trwy ddyfalbarhad, breuddwydion a chariad eraill;
a thrwy Iesu Grist a'i Ysbryd;
ti sy'n ein cadw.
Felly, diolch i ti, O Dduw, am y cynnal,
yn awr ac am byth.

Cymuned Iona

❖ Bob dydd bendithiaf di

Dyrchafaf di, fy Nuw, O Frenin, a bendithiaf dy enw byth bythoedd. Bob dydd bendithiaf di, a moliannu dy enw byth bythoedd. Mawr yw'r Arglwydd, a theilwng iawn o fawl, ac y mae ei fawredd yn anchwiliadwy.

Seiliedig ar Salm 145

❖ Crist gyda mi

Crist gyda mi,
tu ôl i mi,
o'm blaen,
wrth fy ochr dde a'r ochr chwith.
Cynorthwya fi i wneud popeth
er mwyn Iesu.

Gweddi Wyddeleg

❖ Mae fy nghalon yn barod

Deffra fi i'th bresenoldeb,
Argyhoedda fi o'th gariad,
Cadarnha fi yn dy drugaredd,
Agor i mi dy ffordd,
Datguddia dy lawenydd,
Cofleidia fi yn dy oleuni.
Mae fy nghalon yn barod.
Arglwydd, mae fy nghalon
yn barod.

David Adam

❖ Tyrd, fy Arglwydd

Tyrd, fy Arglwydd,
Fy ngoleuni, fy ffordd;
Tyrd, fy llusern
Nos a dydd;
Tyrd, fy Iachäwr,
Gwna fi'n holliach;
Tyrd, fy Ngwaredwr,
Gwarchod fy enaid;
Tyrd, fy Mrenin,
Treiddia i'm calon;
Tyrd, Dywysog Tangnefedd,
a phaid ag ymadael.

David Adam

❖ Meddu popeth yn Nuw

Arglwydd, o'th ddaioni, dyro dy hun i mi; oherwydd digon wyt i mi. Ni allaf ofyn am lai, i fod yn deilwng ohonot ti. Pe bawn i'n gofyn am lai, anghenus fyddwn yn barhaus. Ynot ti yn unig yr wyf yn meddu popeth.

Julian o Norwich

❖ Tangnefedd yr Arglwydd Iesu

Bydded i dangnefedd yr Arglwydd Iesu
fynd gyda thi,
i ble bynnag y bydd yn d'arwain.
Bydded iddo'th arwain drwy'r anialwch,
dy gysgodi yn y storm.
Bydded iddo'th arwain adref
gan lawenhau yn y rhyfeddodau
mae wedi'u dangos i ti.
Bydded iddo'th arwain adref yn ddiogel.

Celtic Daily Prayer

❖ Goleua ein calonnau

Oleuni Tragwyddol, goleua ein calonnau,
Ddaioni Tragwyddol, gwared ni rhag drwg,
Allu Tragwyddol, cynnal ni,
Ddoethineb Tragwyddol, trugarha wrthym;
fel y cawn â'n holl galon a meddwl ac enaid a nerth
geisio dy wyneb, a'n dwyn trwy dy drugaredd diderfyn
i'th bresenoldeb sanctaidd, trwy Iesu Grist ein Harglwydd.

Alcwin o Efrog

❖ Y Duw nad yw'n syrthio

Fel y cuddia'r glaw y sêr,
fel y cuddia niwl yr hydref y bryniau,
fel y mae'r cymylau'n llen dros lesni'r wybren,
felly y mae digwyddiadau tywyll fy oes
yn cuddio dy wyneb disglair oddi wrthyf.
Ond os caf afael yn dy law yn y tywyllwch, digon yw.
Gan y gwn, er i mi faglu ar fy ngherddediad,
nad wyt Ti ddim yn syrthio.

O'r Gaeleg

❖ Pererin wyf

Gwrando fy ngweddi, O Arglwydd,
a rho glust i'm cri;
paid â diystyru fy nagrau.
Oherwydd ymdeithydd gyda thi ydwyf,
a phererin fel fy holl hynafiaid.

Salm 39: 12

❖ Ffordd y pererinion

Gwyn eu byd y rhai yr wyt ti'n noddfa iddynt,
a ffordd y pererinion yn eu calon.

Salm 84: 5

❖ Ffyrdd yr Arglwydd

Gwna i mi wybod dy ffyrdd, O Arglwydd,
hyffordda fi yn dy lwybrau.

Salm 25: 4

❖ Cerdded gyda Duw

Gadewch i'r gweddïau hyn gyd-fynd â'r camau ar eich taith.
Wrth i chi gerdded mae Duw yn cydgerdded â chi.
O Dduw, cerdda gyda mi ar y daith
a bendithia'r ddaear dan fy nhraed.

Golygydd

❖ Y Tri o'm hamgylch

Y Tad, uwch fy mhen.
Y Mab, wrth fy ochr.
Yr Ysbryd, o'm mewn.
Y Tri o'm hamgylch.

Pwy sydd o'm blaen?
Pwy sydd o'm hôl?
Pwy sydd o'm mewn?
Fy Nuw a'm Harglwydd.

Gweddi Geltaidd

❖ Bydd yn gymorth i mi

Ar y môr
Bydd yn ynys

Ar y tir
Bydd yn amddiffynfa

Yn y diffeithiwch
Bydd yn ffynnon ddofn

Yn y gwres
Bydd yn gysgod

Yn yr oerni
Bydd yn lloches

Yn y tywyllwch
Bydd yn oleuni llachar.

David Adam

❖ Troi i bob cyfeiriad

Trown at y Dwyrain ac wynebu codiad haul:

molwn Dduw am roi bywyd, ieuenctid a dechreuadau newydd.

Trown at y De: diolchwn am y bobl, y digwyddiadau a'r pethau

sy'n cynhesu ein bywyd ac yn ein helpu i dyfu a datblygu.

Trown at y Gorllewin lle mae'r haul yn suddo ac yn machlud:

molwn Dduw am bob machlud, pob nos a phob diweddglo yn ein bywyd.

Trown at y Gogledd:

molwn Dduw am fod gyda ni drwy her a chaledi ein byw.

Plygwn i gyffwrdd â'r ddaear:

molwn y Creawdwr am ei roddion i gynnal ein bywyd.

Syllwn ar y nefoedd:

rhown ddiolch i Dduw am roi i ni obeithion a breuddwydion

fel y gallwn fentro ymlaen i'r dyfodol.

Gweddi Indiaidd o Ogledd America

❖ Boed i Dduw ein cynnal

Boed i Dduw wneud pob cam yn ddiogel.

Boed i Dduw agor pob dyffryn o'ch blaen.

Boed i Dduw glirio pob ffordd ar eich taith.

A boed i Dduw eich cymryd yn ei

ddwylaw a'ch cynnal ymlaen.

Carmina Gadelica

❖ Llwybr esmwyth ar gyfer y daith

Boed i ti fod yn llwybr esmwyth ar y ffordd,
yn seren sy'n arwain,
yn llygad sy'n gweld
heddiw, heno a phob amser.
Rwy'n flinedig a lluddedig,
arwain fi i dangnefedd.
Gad i mi eistedd yng nghwmni Crist
a'm hamgylchu gan ei hedd.
O Dduw, y bywyd,
boed i ti fod mewn cytgord efo mi.
Ti yw fy seren, ti ydi'r capten,
wrth y llyw.
Fel y gallaf orffwyso ar y daith.

Carmina Gadelica

❖ Diolch am y dydd hwn

Arglwydd pob calon grwydrol,
rwyt ti wrth fy ochr
ac o'm blaen i ar y ffordd,
arwain fi
trwy nerth dy Ysbryd
bob cam o'r daith.
Eto, fel y disgyblion
ar ffordd Emaus,
mor aml rwy'n methu'n lân â'th adnabod.
Heddiw,
beth bynnag a fydd i'm rhan,
agor fy nghalon er mwyn
i mi amgyffred dy bresenoldeb
fel y gallaf
ddathlu gyda thi
rodd y dydd.
O Dduw, yr annisgwyl.

Gweddi Iona

❖ Siwrnai bywyd

Dad,

Fedrwn ni ddim peidio â meddwl am ein bywyd fel siwrnai.

Nid rhyw gylch mohono yn cynnwys genedigaeth, tyfiant, aeddfedrwydd a dirywiad. Rydym ni yn teithio o'n dechreuadau hyd at ein tynged. Gobeithiwn gyrraedd rhywle gwell na'r man lle y cychwynasom.

Ti yw pen ein siwrnai. Ond nid nepell oddi wrthyt yw ein man cychwyn; oherwydd yr wyt ti yno yn ein hetifeddeg, yn ein hamgylchfyd cynharaf. Yr unig fodd y gallwn dy gyrraedd yw wrth benderfynu cychwyn o'r man hwn a symud tuag atat. Dim ond ar ôl inni fentro teithio y sylweddolwn pa mor fendithiol yw'r siwrnai.

Gwyddom y ffordd, mai trwy Iesu y deuwn atat. Drwy ei ganlyn ef, ufuddhau iddo, uniaethu ein hunain ag ef, dioddef gydag ef, cyfodi gydag ef y cawn gyfeiriad i ddod o hyd i'r ffordd. Cynorthwya ni i beidio petruso, na chrwydro oddi ar y ffordd, ac i ddilyn ei lwybr ef.

Edwin C. Lewis

Gweddïau'r Dyddiau Tywyll

Am ba hyd, Arglwydd, yr anghofi fi'n llwyr? Am ba hyd y cuddi dy wyneb oddi wrthyf?

Salm 13: 1

Bydd yn gryf a dewr; paid â'u hofni na dychryn rhagddynt, oherwydd bydd yr Arglwydd dy Dduw yn mynd gyda thi, ac ni fydd yn dy adael nac yn cefnu arnat.

Deuteronomium 31: 6

Gwrando fy ngweddi, O Arglwydd, a rho glust i'm cri; paid â diystyru fy nagrau. Oherwydd ymdeithydd gyda thi ydwyf, a phererin fel fy holl hynafiaid.

Salm 39: 12

Er imi gerdded trwy ddyffryn tywyll du, nid ofnaf unrhyw niwed, oherwydd yr wyt ti gyda mi, a'th wialen a'th ffon yn fy nghysuro.

Salm 23: 4

Mae bywyd yn gyfuniad o lawenydd a thristwch, o oleuni a thywyllwch, o'r melys a'r chwerw, o obaith ac anobaith, o'r copaon i'r dyffrynnoedd tywyll du. Mae'n rhaid i ni wynebu poen a dioddefaint y byd, yr elfennau tywyll dinistriol sy'n cael eu hamlygu gan y cyfryngau'n ddyddiol. Ond ni allwn anwybyddu'r grymoedd pwerus sy'n bodoli o'n mewn. Ni all yr un ohonom osgoi'r tywyllwch hwn. Mae'n anodd iawn aros am byth yn Eden, yn yr ardd baradwysaidd, a'r goleuni'n danbaid a chysurus. Meddai George MacLeod, 'Mae'r drain bob amser yn yr ardd. Mae nodd bywyd yn ein hesgyrn yn eiddo i Ti, yn ein dyrchafu i'r entrychion, ond ynghanol y prydferthwch mae adflas pechod.' Ynghanol bywyd ei hun mae dioddefaint.

Beth sydd gan y traddodiadau Gwyddeleg, Gaeleg a Chymreig yn gyffredin? Daw un ateb amlwg. Maent i gyd wedi bodoli dan fygythiad difodiant a thranc, ac eto maent wedi goroesi a gorchfygu. Maent wedi profi holl elfennau dioddefaint yn economaidd, yn gymdeithasol a gwleidyddol.

Brwydrasom ond eto bu'n rhaid encilio. Ond daethom drwyddi ac 'rydym yma o hyd, er gwaetha pawb a phopeth.'

Rhoddwyd cryn bwyslais ar gyffes a phenyd personol – dyma foddion i'r enaid gyda'r pwrpas o geisio gwella'r drygau a'r doluriau sy'n codi o bechod sy'n ei dro yn niweidio'r unigolyn yn ogystal â'r gymdeithas. Bydd y gweddïau hyn yn arwain at ollyngdod a rhyddhad ac yn gymorth i wynebu'r dyddiau tywyll.

Mae gweddïau'r adran hon wedi'u rhannu dan dri phennawd. Dyma'r penawdau: Y Cydymaith ar y daith Ing y daith Diwedd y daith

Gwell yw golau cannwyll
na melltithio'r tywyllwch.

Y Cydymaith ar y daith

❖ Tyrd i'n cyfarfod yn awr

Tyrd i'n cyfarfod yn awr,
    a chynorthwya ni i fyw bob dydd yng ngoleuni dy bresenoldeb.
  Dyro i ni ymwybyddiaeth gyson o'th fawredd a'th gariad;
    ac felly, pa beth bynnag sy'n ein hwynebu,
    pa sefyllfa bynnag y cawn ein hunain ynddi,
    cawn ein cymhwyso i'w cyfarfod yn dy enw
    ac i offrymu ein bywydau fel gwir ddisgyblion sy'n dderbyniol
    yn dy olwg.

Gweddïau'r Pedwar Tymor 2

❖ Disgwyl a gobeithio yn Nuw

Disgwyliaf wrth yr Arglwydd,
Mae fy enaid yn disgwyl,
Ac yn ei air y gobeithiaf.

Celtic Daily Prayer

❖ Calon i'th garu a'th addoli

O Arglwydd, rwyt ti'n trugarhau wrth bob un, dilea fy mhechodau, ac yn dy drugaredd cynnau ynof dân dy Ysbryd Glân. Tyn oddi wrthyf y galon garegog, a rho imi galon ddynol, calon i'th garu a'th addoli di, calon i ymhyfrydu ynot, i'th ddilyn a'th fwynhau, er mwyn Crist.

Emrys o Milan

❖ Fy Nuw, fy oll

Fy Nuw, fy oll.

Ffransis o Assisi

❖ Gwrando ar y llais

Ti yw'r llais sy'n tawelu'n hofnau.
Ti yw'r chwerthiniad sy'n sychu'n dagrau.
Ti yw'r gerddoriaeth, ein cytgan.
Helpa ni i ganu dy gân.
Arglwydd, trugarha wrthym,
Crist, trugarha wrthym,
Arglwydd, trugarha wrthym.

Celtic Daily Prayer

❖ Mynd trwy'r drws agored

Bydd o gymorth i mi, Arglwydd,
i glirio fy mywyd,
i roi trefn ar bethau
ac i anelu at symlrwydd.
Arglwydd, dysg fi i wrando ar ddyheadau fy nghalon,
dysg fi i groesawu newidiadau yn hytrach na'u hofni.
Cyflwynaf y cynyrfiadau hyn sy'n peri poendod i mi.
Cyflwynaf i ti fy anfodlonrwydd.
Cyflwynaf i ti fy aflonyddwch.
Cyflwynaf i ti fy amheuon.
Cyflwynaf i ti fy nhrallodion.
Cyflwynaf i ti yr holl ddyheadau o'm mewn.
Helpa fi i wrando ar bob arwydd o newid, o dwf;
i wrando'n astud a'u dilyn a mynd ymlaen
trwy'r drws agored.

Celtic Daily Prayer

❖ Cyflwynwn i Ti

Cyflwynwn i Ti:
y rhai sy'n gorfod wynebu bywyd anodd;
y rhai sy'n gorfod gwneud penderfyniadau anodd,
heb fod yn sicr pa lwybr i'w gerdded.

Cyflwynwn i Ti:
y rhai sy'n gorfod wynebu a chyflawni gwaith anodd,
ac sy'n ofni methu;
y rhai sy'n wynebu temtasiynau anodd
ac sy'n gwybod na allant eu trechu heb gymorth.

Cyflwynwn i Ti:
y rhai sy'n cael anhawster i reoli eu natur a'u tymer ac sydd o ganlyniad
yn achosi niwed iddynt hwy eu hunain.

Cyflwynwn i Ti:
y rhai sy'n gorfod gweithio gyda phobl anodd
ac sy'n dioddef triniaeth anghyfiawn a beirniadaeth annheg.

Cyflwynwn i Ti:
y rhai sy'n torri eu calonnau ar ôl colli anwyliaid,
y rhai sydd wedi'u siomi,
y rhai a glwyfwyd gan falais eu gelynion
ac anffyddlondeb eu cyfeillion.

William Barclay

❖ Tyrd i'm cynorthwyo

Tyrd yn gyflym i'm cynorthwyo,
O Arglwydd Dduw fy iachawdwriaeth,
am fod y frwydr yn fawr
a'r gwrthwynebwyr yn nerthol.
Mae'r gelyn yn gas,
yr anweledig yn ymladd drwy ffurfiau gweledig.
Tyrd yn gyflym, felly, i'm cynorthwyo,

a bydd o gymorth inni drwy dy Fab sanctaidd,
ein Harglwydd Iesu Grist,
trwy yr hwn yr wyt wedi'n gwaredu ni i gyd,
trwy yr hwn y bydded gogoniant a nerth i ti
hyd byth bythoedd.

Origen

❖ **Llonna fy nghalon**

O Arglwydd,
dangos imi dy drugaredd a llonna fy nghalon.
Rwyf fel y dyn ar y ffordd i Jericho
a gafodd ei orchfygu gan ladron,
ei glwyfo a'i adael yn hanner marw.
O Samariad Da, tyrd i'm cynorthwyo.
Rwyf fel y ddafad a grwydrodd.
O Fugail Da, chwilia amdanaf
a thyrd â mi adref yn ôl dy ewyllys.
Gad imi drigo yn dy dŷ holl ddyddiau fy mywyd
a'th foli di hyd byth bythoedd
yng nghwmni'r rhai sydd yno.

Jerôm

❖ **Cynhesa fy nghalon**

Arglwydd Iesu, fy Ngwaredwr,
gad imi ddod atat yn awr.
Mae fy nghalon yn oer:
cynhesa hi â'th gariad anhunanol.
Mae fy nghalon yn bechadurus:
glanha hi â'th werthfawr waed.
Mae fy nghalon yn wan:
cryfha hi â'th Ysbryd llawen.
Mae fy nghalon yn wag:
llanw hi â'th bresenoldeb dwyfol.
Arglwydd Iesu, d'eiddo di yw fy nghalon:
meddianna hi bob pryd yn llwyr i ti dy hun.

Awstin o Hippo

❖ Glanha ac arbed fi

O Arglwydd, mae tŷ fy enaid yn gul:
ehanga ef, i ti gael dod i mewn.
Mae'n adfeilion. O atgyweiria ef!
Mae'n wrthun i ti; cyffesaf hynny, gwn hynny.
Ond pwy a'i glanha, ar bwy y llefaf ond arnat ti?
Glanha fi oddi wrth fy meiau cudd, O Arglwydd,
ac arbed dy was rhag pechodau rhyfedd.

Awstin o Hippo

❖ Gorfoledded pawb

Gorfoledded y cyfiawn, am fod eu Cyfiawnhäwr wedi ei eni.
Gorfoledded y claf a'r methedig, am fod eu Hiachawdwr wedi ei eni.
Gorfoledded y caethion, am fod eu Prynwr wedi ei eni.
Gorfoledded caethweision, am fod eu Meistr wedi ei eni.
Gorfoledded pobl rydd, am fod eu Rhyddhäwr wedi ei eni.
Gorfoledded pob Cristion, am fod Iesu Grist wedi ei eni.

Awstin o Hippo

❖ Ceisio doethineb a deall

O raslon a sanctaidd Dad,
rho inni ddoethineb i'th ganfod di,
deallusrwydd i'th ddeall di,
dyfalbarhad i'th geisio di,
amynedd i'th ddisgwyl di,
llygaid i'th weled di,
calon i fyfyrio arnat ti,
a bywyd i'th gyhoeddi di,
drwy nerth Ysbryd
ein Harglwydd Iesu Grist.

Benedict

❖ Duw noddfa a chymorth

O Dduw'r Tragwyddol,
noddfa a chymorth dy holl blant,
yn ein gwendid ti yw ein cryfder,
yn ein tywyllwch ti yw ein goleuni,
yn ein tristwch ti yw ein cysur a'n tangnefedd.
Ni fedrwn gyfrif dy fendithion.
Ni fedrwn ddatgan dy gariad.
Bendithiwn di am dy holl ddaioni.
Bydded inni fyw yn dy bresenoldeb am byth,
a charu yr hyn yr wyt ti'n ei garu,
a'th wasanaethu di â gwasanaeth ein bywyd beunyddiol,
trwy Iesu Grist ein Harglwydd.

Boniface

❖ Ymddiriedaf bopeth i ti

I'th ddwylo di, O Dad ac Arglwydd,
ymddiriedaf fy enaid a'm corff,
fy rhieni a'm cartref,
fy nheulu, 'nghyfeillion a'm cymdogion,
pawb o deulu'r ffydd a chariad,
a phawb sydd mewn dyrys angen.
Ysgafnha ein bywyd â'th ras sanctaidd
a'r wybodaeth o'th bresenoldeb cyson,
O Arglwydd mewn Trindod, Duw tragwyddol.

Edmund Rich

❖ Gwna fi'n offeryn dy hedd

Arglwydd, gwna fi'n offeryn dy hedd;
lle mae casineb, gad imi hau cariad,
lle mae niwed, maddeuant,
lle mae anghydfod, gweledigaeth,

lle mae amheuaeth, ffydd,
lle mae anobaith, gobaith,
lle mae tywyllwch, goleuni,
lle mae tristwch, llawenydd.
O Feistr dwyfol,
caniatâ imi gysuro yn hytrach na chael fy nghysuro,
i ddeall yn hytrach na chael fy neall,
i garu yn hytrach na chael fy ngharu,
oherwydd wrth roi y derbyniwn,
wrth faddau y derbyniwn faddeuant
ac wrth farw y deffrown i fywyd tragwyddol.

Ffransis o Assisi

❖ **Y cyfan a wyddom**

O Dduw hollalluog,
tragwyddol, cyfiawn a thrugarog,
caniatâ inni bechaduriaid gwael
wneud ar dy ran
y cyfan a wyddom
ynglŷn â'th ewyllys,
ac i gyflawni bob pryd
yr hyn sydd wrth dy fodd,
fel y bo i ninnau
wedi'n llwyr buro,
ein goleuo
ac wedi'n cynnau
gan dân yr Ysbryd Glân
gerdded yn ôl traed dy anwylaf Fab,
ein Harglwydd Iesu Grist.

Ffransis o Assisi

❖ Y gras i lafurio

Gogoneddus Dduw, rho imi ras i ddiwygio fy mywyd, ac i wynebu fy niwedd heb rwgnach ynghylch marwolaeth, sy'n borth bywyd cyfoethog i'r rhai sy'n marw ynot ti, Arglwydd da.

A rho imi, Arglwydd da, feddwl gostyngedig, isel, tawel, amyneddgar, cariadus, caredig, tyner a thrugarog, fel y caf gyda'm holl weithiau a'm holl eiriau a'm holl feddyliau, flas o'th Ysbryd Sanctaidd, bendigedig.

Rho imi, Arglwydd da, ffydd gyflawn, gobaith cadarn, cariad tanbaid, a chariad tuag atat ti sy'n anghymharol uwch na'r cariad sy gennyf ataf fy hun.

Rho imi, Arglwydd da, ysfa i fod gyda thi, nid i osgoi trafferthion y byd hwn, nac i ennill llawenydd y nef, ond yn unig am fy mod yn dy garu di.

A rho imi, Arglwydd da, dy gariad a'th ffafr, na fyddai fy nghariad atat ti, pa mor fawr bynnag y byddai hwnnw, yn ei haeddu oni bai am dy ddaioni mawr di.

Y pethau hyn, Arglwydd da, y gweddïaf amdanynt, rho imi dy ras i lafurio amdanynt.

Thomas More

❖ Gogoniant rhyfeddol Duw

Arglwydd, atolygwn i ti'n llanw ni â'th oleuni ac â'th fywyd,
fel y gallwn ddangos dy ogoniant rhyfeddol.
Caniatâ felly fod i'th gariad lanw ein bywydau
fel nad ystyriwn ddim yn rhy fach i'w wneud drosot,
dim yn rhy fawr i'w roi,
a dim yn rhy anodd i'w ddioddef.
Felly dysg ni, Arglwydd, i'th wasanaethu fel yr haeddi,
i roi heb gyfri'r gost,

i frwydro heb ystyried clwyfau,
i weithio heb geisio gorffwys,
i lafurio heb ddisgwyl unrhyw wobr
ond gwybod ein bod yn gwneud dy ewyllys di.

Ignatius

❖ **Amgylchyna fi, Arglwydd**

Mae heno fel pob noson
yn llawn o gwestiynau
a chwsg mor bell.

Mae poen a gofid mor agos
wedi'u tyneru rhyw gymaint
gan ddigwyddiadau'r dydd.
Rwy'n flinedig; yn flin,
yn ddryslyd.

Amgylchyna fi, Arglwydd.
Cadw ofid a siomedigaeth draw.
Tyrd â llewyrch o oleuni i'm bywyd.

Amgylchyna fi, Arglwydd.
Cadw'r hunllefau draw.
Tyrd â munudau o dawelwch i'm bywyd.

Amgylchyna fi, Arglwydd.
Cadw chwerwedd draw
a thyrd â'r ymdeimlad
o'th Bresenoldeb di i'm bywyd.

Gweddi Caim
(Gweddi amgylchol. Y syniad o Dduw yn eich amgylchu)

❖ Bydd yn agos

O Dduw, cymeradwywn i'th ofal tyner bawb sy'n dioddef ac yn gofidio,
gan erfyn arnat i roi i bob un yn ôl ei angen. Lleda eu gorwelion, ysgafnha
eu dioddefaint, cryfha eu hysbryd a dyfnha eu ffydd ynot ti, ein Crëwr a'n
Cynhaliwr; trwy Iesu Grist ein Harglwydd.

Edwin C. Lewis

❖ Deled dy Deyrnas

Tyrd, Arglwydd Iesu,
Tyrd fel Brenin.

Teyrnasa yn ein calonnau,
Tyrd fel cariad.

Teyrnasa yn ein meddyliau,
Tyrd fel heddwch.

Teyrnasa yn ein gweithredoedd,
Tyrd fel grym.

Teyrnasa yn ystod ein dyddiau,
Tyrd fel llawenydd.

Teyrnasa yn ein tywyllwch,
Tyrd fel goleuni.

Teyrnasa yn ein cyrff,
Tyrd fel iechyd.

Teyrnasa yn ein llafur,
Tyrd fel gobaith.

Deled dy Deyrnas
I'n plith.

David Adam

❖ Gorffwys yn yr Arglwydd

Caniatâ i ni, O Dduw,
dy dangnefedd
sy tu hwnt i ddealltwriaeth,
fel y cawn ymhlith stormydd bywyd
orffwys ynot ti,
gan wybod ein bod
dan dy ofal
wedi'n rheoli gan dy ewyllys,
wedi'n gwarchod gan dy gariad;
fel y gallom wynebu trafferthion
a themtasiynau â chalon dawel;
trwy Iesu Grist ein Harglwydd.

Lynette Douglas

❖ Ceisio ewyllys Duw

Arglwydd, fe wyddost yr hyn yr wyf ei eisiau,
os wyt yn fodlon imi i'w gael,
ond os wyt yn anfodlon,
paid â digio, Arglwydd da,
oherwydd nid wyf am ddim nad wyt ti ei eisiau.

Julian o Norwich

❖ Ti'n unig all ein gwella

Down at dy groes i chwilio am adferiad,
Ti'n unig all ein gwella.
Down atat gyda chalon ddrylliedig ac ysbryd dolurus,
Ti'n unig all ein gwella.
Down atat gydag eraill â chalonnau drylliedig,
Ti'n unig all ein gwella.
Down atat gyda'r rhai sy'n torri eu calonnau,
Ti'n unig all ein gwella.

Down atat gyda'r gwan a'r anabl,
Ti'n unig all ein gwella.
Down atat efo'r pechaduriaid a'r euog,
Ti'n unig all ein gwella.

David Adam

❖ Calon yn llawn o gariad

Fel y mae prydferthwch y rhosyn
yn codi o blith y drain,
felly, boed i'm calon fod yn llawn o gariad tuag atat ti, fy Nuw,
fel y gallaf godi uwchlaw'r stormydd a'r treialon sy'n fy llethu,
a sefyll yn gadarn mewn gwirionedd a rhyddid Ysbrydol.

Hadewijch o Brabant

❖ Rwy'n gosod fy enaid a'm corff

Rwy'n gosod fy enaid a'm corff
Dan dy warchodaeth heno, O Frid,
O Famaeth dawel Crist di-nam,
O Famaeth dawel Crist y creithiau.

Rwy'n gosod fy enaid a'm corff
Dan dy warchodaeth heno, O Fair,
O Famaeth dawel Crist y tlawd,
O Famaeth dawel Crist y dagrau.

Rwy'n gosod fy enaid a'm corff
Dan dy warchodaeth heno, O Grist,
O Fab y dagrau, y creithiau a'r clwyfau,
Bydded dy groes heno yn fy llochesu.

Rwy'n gosod fy enaid a'm corff
Dan dy warchodaeth heno, O Dduw,
Tad cymorth i'r alltudion truain tlawd,
Amddiffynnwr daear a nef,
Amddiffynnwr daear a nef.

Carmina Gadelica

❖ O Dduw, rho i mi

O Dduw, rho i mi dy ddoethineb,
O Dduw, rho i mi dy drugaredd,
O Dduw, rho i mi o dy lawnder
a'th arweiniad yn wyneb yr holl dreialon.
O Dduw, rho i mi dy amgylchfur,
a'th dangnefedd yng nghwlwm marwolaeth.
Rho i mi dy amgylchfur
a'th dangnefedd ar awr
f'ymadawiad.

Gweddi Geltaidd

❖ Dy wyneb a geisiaf

Tyrd yn awr, ŵr bychan,
    tro o'r neilltu am ennyd
    o'th waith beunyddiol,
i ddianc o gynnwrf dy feddyliau.
    Diosg dy ofalon trymion,
anwybydda'r pethau beichus sy'n tynnu dy sylw,
ymryddha am ysbaid a gorffwys yn Nuw.
Dos i mewn i siambr fewnol dy galon,
    gan gau popeth allan ond Duw,
a'r hyn a all dy gynorthwyo i chwilio amdano Ef,
a phan fyddi wedi cau'r drws, chwilia amdano.
    Dywed yn awr, fy nghalon,
        "Dy wyneb a geisiaf,
    Arglwydd, dy wyneb di a geisiaf."

Anselm

❖ **Yn nwylo Duw**

Bydded i'r Duw tragwyddol ei hun eich cymryd chi ato
yn ei ddwylo hael ei hun,
yn ei freichiau hael ei hun.

Gweddi Geltaidd

❖ **Y canolbwynt llonydd**

Arglwydd Iesu,
ti yw'r canolbwynt llonydd
ym mhob storm.
Ynot ti mae'r tangnefedd,
sut bynnag mae'r gwynt oddi allan.
Ynot ti mae'r sicrwydd,
pa mor gynhyrfus bynnag ydi'r tonnau.
Ynot ti mae cadernid,
sut bynnag mae ymchwydd y llanw.

Peter W. Millar

❖ **Mae ei ysbryd gyda ni**

Mae Duw yma
Mae ei Ysbryd gyda ni.

Does dim rhaid i ni ofni
Mae ei Ysbryd gyda ni.

Rhodiwn mewn tangnefedd
Mae ei Ysbryd gyda ni.

Rydym wedi'n trochi yn ei gariad
Mae ei Ysbryd gyda ni.

Rydym yn dal i obeithio
Mae ei Ysbryd gyda ni.

Llawenhawn mewn ffydd
Mae ei Ysbryd gyda ni.

David Adam

❖ Tyrd atom yn awr

Grist atgyfodedig,
a ddaethost at Mair yn ei dagrau yn yr ardd
a throi ei thristwch yn orfoledd,
tyrd atom ni yn awr.

Grist atgyfodedig,
a sefaist ymysg dy ddisgyblion
i ddangos iddynt dy ddwylo a'th draed,
a'u codi o afael eu hamheuon,
tyrd atom i gadarnhau ein ffydd.

Grist atgyfodedig,
a gerddaist gyda'r ddau ar ffordd Emaus
ac a amlygaist dy hun iddynt
yn nhoriad y bara,
tyrd atom i agor ein llygaid i ni dy weld.

Grist atgyfodedig,
a ddaethost at Pedr ar lan y môr,
i'w ryddhau o'i euogrwydd
ac i osod arno'r dasg o fugeilio dy braidd,
tyrd atom i'n nerthu yn dy waith.

Grist atgyfodedig,
a roddaist gomisiwn i'th ddilynwyr
i wneud disgyblion o'r holl genhedloedd
ac i ennill y byd i ti,
tyrd atom i arddel ein tystiolaeth.

Grist atgyfodedig,
yr wyt ti'n sefyll yn ein mysg,
yn cyfarfod â ni,
yn siarad â ni,
yn mynegi i ni addewidion y Tad:

dathlwn y bywyd newydd a ddaw i ni
drwy dy fuddugoliaeth ar angau a'r bedd,
yn oes oesoedd.

Elfed ap Nefydd Roberts

❖ **Rwyt ti gyda mi**

Arglwydd,
rwy'n unig,
cerdda wrth fy ymyl.
Rwy'n wan,
cod fi ar fy nhraed.
Rwy'n drallodus,
calonoga fi.
Rwy'n galaru,
cysura fi.
Rwy'n teimlo ar fy mhen fy hun,
ac eto rwyt ti gyda mi.

Jenny Child

❖ **Goleuni gyda Thi**

Ynof mae tywyllwch,
ond gyda Thi mae goleuni:
rwyf unig, ond ni'm gadewi;
rwyf wangalon, ond gyda Thi mae cymorth;
rwyf aflonydd, ond gyda Thi mae tangnefedd;
ynof mae chwerwedd, ond gyda Thi mae amynedd.
Nid wyf yn deall dy ffyrdd,
ond gwyddost Ti y ffordd i mi …

Cyfoeth o'i Drysor

278

❖ Cylchyna fi, Arglwydd

Cylchyna fi, Arglwydd,
Cadw amddiffyn yn agos
A pherygl ymhell.

Cylchyna fi, Arglwydd,
Cadw obaith i mewn
Ac amheuaeth draw.

Cylchyna fi, Arglwydd,
Cadw dy oleuni'n agos
A thywyllwch ymhell.

Amgylchyna fi, Arglwydd,
Cadw dangnefedd ynof
A drygioni draw.

David Adam

❖ Tangnefedd yn Nuw

Arglwydd Iesu,
ti yw canol llonydd pob storm.
Ynot ti y mae'r tangnefedd
sut bynnag y mae'r gwynt y tu allan.
Ynot ti y mae'r sicrwydd
pa mor gynhyrfus bynnag ydi'r tonnau.
Ynot ti y mae'r cadernid
sut bynnag y mae'r llanw.

Eddie Askew

Ing y daith

❖ Amynedd a dyfalbarhad

Arglwydd, rho i mi amynedd
pan ydw i eisiau ateb yn ôl.
Rho i mi ddyfalbarhad
pan ydw i eisiau anobeithio.
Rho i mi gefnogaeth
pan nad ydi'r ffordd yn glir.
Rho i mi arweiniad
pan fydda i'n crwydro'n ddigyfeiriad.
Rho i mi dangnefedd pan fo fy mywyd yn dryblith
ond yn bwysicach na dim, rho i mi dy gariad.

Golygydd

❖ Cymorth fi i dy ddarganfod

Ansicrwydd, pan fo'r hyn sy'n olau yn tywyllu
a bywyd yn ymddangos fel ei fod wedi colli'i hud,
cwestiynu'r hyn oeddwn gynt yn ei gredu
ac ofni fod amheuaeth wedi cymryd ei le.
Ymdeimlo â'r pryfyn sy'n cnoi oddi mewn,
sy'n pydru'r ewyllys a gwanio'r esgyrn,
gan deimlo ai'r hyn sydd ar ôl
yw meini tramgwydd neu gerrig sarn.
Cymorth fi i dy ddarganfod, Arglwydd.

Celtic Daily Prayer

❖ O Dduw, gwrando arnaf

Heno fel pob noson arall,
rwy'n cerdded ar fy mhen fy hun
trwy ddyffryn fy ofnau.
O Dduw, gwrando arnaf,

oherwydd ti'n unig sy'n
deall dirgelion fy nghalon.
Cod fi o ddyffryn gofid ac anobaith
a rhyddha f'ysbryd.

Anne Wadey

❖ **Dysgu caru**

Annwyl Dduw, yma ar y ddaear rwyt yn gyson yn ceisio ein newid ni. Ar adegau dymunwn ffoi i'r anialwch i'th osgoi. Ond gad inni ddysgu caru pethau parhaol y nefoedd, yn hytrach na phethau marwol y ddaear. Mae'n rhaid inni dderbyn bod amser bob tro yn dod â newidiadau; a gweddïwn drwy dy ras am i'r newidiad yn ein heneidiau ein gwneud yn deilwng o'th deyrnas nefol, lle bydd holl amser yn gorffen.

Alcwin

❖ **Gwerinwr ydwyf**

Arglwydd, gwerinwr ydwyf, yn dod o'm gwlad i, i'th wlad di.
Dysg imi
gyfreithiau dy wlad:
ei dull o fyw,
ei hysbryd,
er mwyn imi deimlo'n gartrefol yno.

William o Saint-Thierry

❖ **Bod yn bopeth i Dduw**

Gwahana fi oddi wrthyf fy hun
fel y gallaf fod yn ddiolchgar i ti;
boed i mi ymwrthod â mi fy hun
fel y gallaf fod yn ddiogel ynot ti;
boed i mi farw i mi fy hun
fel y gallaf fyw ynot ti;

boed i mi wywo i mi fy hun
fel y gallaf flodeuo ynot ti;
boed i mi gael fy ngwacáu ohonof fi fy hun
fel y gallaf fod yn helaeth ynot ti;
boed i mi fod yn ddim i mi fy hun
fel y gallaf fod yn bopeth i ti.

Erasmus

❖ Rho i mi ddagrau

Rho i mi ddagrau, O Arglwydd, fel y gallaf ddileu fy mhechodau.
Rho i mi ddagrau wrth godi yn y bore ac wrth noswylio.
Rho ddagrau i wlychu fy ngobennydd a hynny
am fy nghasineb, fy nghenfigen, fy malchder,
am weithred annoeth o'm heiddo.
Anfon ddagrau i'm puro,
ffynnon o ddagrau,
llifeiriant o ddagrau.

Detholiad o gerdd o'r 12fed ganrif

❖ Duw y cariad mawr

O Dduw, y cariad mawr,
tyrd atom.
Atgyweiria ein rhaniadau
a maddau ein ffolineb.
Cynorthwya ni
i gynnal pawb welwn ni ar y ffordd,
i ymestyn atynt mewn trugaredd
ac i rannu dy gariad di â hwy.

Golygydd

❖ Tyrd i'n plith

Iachäwr Galilea,
rwyt ti'n dod atom dro ar ôl tro,
i dreiddio
i'n cyflwr dynol;
gan gymryd arnat dy hun
ein holl archollion.
Heno, rwyt ti'n dal i ddod
i'n cwmni,
pan mae'r corff yn lluddedig,
y meddwl ar chwâl,
ein hunanhyder wedi'i ddinistrio,
ein methiannau,
ein ffydd yn gwegian,
ein perthynas yn chwilfriw,
a'n hunigrwydd yn ein llethu
hyd at ddagrau.
Iachäwr Galilea,
tyrd i'n plith.

Gweddi Iona

283

Diwedd y daith

❖ Duw fo yn fy mhen

Duw fo yn fy mhen
ac yn fy neall;
Duw fo yn fy llygaid
ac yn fy edrychiad;
Duw fo yn fy ngenau
ac yn fy llefaru;
Duw fo yn fy nghalon
ac yn fy meddwl;
Duw fo yn fy niwedd
ac yn fy ymadawiad.

Primlyfr Caersallog

❖ Daioni yn gryfach na drygioni

Daioni sy'n gryfach na drygioni;
Cariad sy'n gryfach na chasineb;
Goleuni sy'n gryfach na thywyllwch;
Bywyd sy'n gryfach na marwolaeth:
Ni biau'r fuddugoliaeth drwyddo ef sy'n ein caru.

Desmond Tutu

❖ Cofio am Dduw

Gan i'm gwisg a'm hafiaith drengi
Oherwydd pechod – fe'i cydnabyddaf –
Na fydded i Dduw ddwyn poen ddwbl arnaf.
Bechadur y ddaear, bydded iddo ymbil ar Dduw,
A chadwed ar ddihun liw nos;
Na chysged y sawl fo'n digio Crist.
Caiff y sawl sy'n cofio am Dduw
Ac nad yw'n ei ddirmygu
Faddeuant a Nef y noson y bydd farw.

Llyfr Du Caerfyrddin

❖ Rwy'n mynd adref efo ti

Rwy'n mynd adref efo ti, i'th dŷ, i'th dŷ;
Rwy'n mynd adref efo ti, i gartref dy drugaredd.
Rwy'n mynd adref efo ti, i'th dŷ, i'th dŷ;
Rwy'n mynd adref efo ti, i wynfa'r holl fendithion.

Carmina Gadelica

❖ Plygion cariad Duw

Rhyw ddydd bydd rhaid i mi farw;
Ni wn na'r dydd na'r awr.
Ni ad i mi farw mewn pechod,
ond yn hytrach
wedi fy ngorchuddio ym mhlygion dy gariad.

Celtic Daily Prayer

❖ Bendithia bawb

Bendithia bawb sy'n glaf, yn arbennig y rhai nad oes gwella iddynt;
lleddfa boen y rhai sydd tu hwnt i allu dynion i'w cynorthwyo.
Bendithia'r rhai sy'n drist, y rhai a gollodd anwyliaid, a chysura di y rhai
na all neb eu cysuro.
Bendithia di y rhai a wynebodd siomedigaeth;
y rhai a gafodd fod cyfeillion a chariadon yn anffyddlon;
y rhai a brofodd fethiant yn eu hymdrechion;
y rhai y mae bywyd wedi chwalu eu breuddwydion.
Bendithia di y rhai sydd mewn gofid;
y rhai sy'n gofidio am eu hiechyd;
y rhai y mae ganddynt broblemau dyrys i'w datrys;
y rhai sy'n wynebu penderfyniadau anodd;
y rhai a demtir ac sy'n ofni syrthio.

William Barclay

❖ Dy foli Di yn oes oesoedd

Enaid Crist, sancteiddia fi.
Gorff Crist, achub fi.
Waed Crist, meddwa fi.
Ddŵr ystlys Crist, golch fi.
Ddisgleirdeb wynepryd Crist, goleua fi.
Ddioddefaint Crist, nertha fi.
Chwys wyneb Crist, iachâ fi.
O Iesu da, gwrando arnaf;
oddi mewn i'th glwyfau cuddia fi.
Na ad imi ymwahanu oddi wrthyt.
Yn erbyn y gelyn cas amddiffyn fi.
Yn awr fy marwolaeth galw fi,
a gorchymyn i mi ddyfod atat
fel y caffwyf gyda'th saint a'th angylion
dy foli Di yn oes oesoedd.

Anima Christi

❖ Gwneler dy ewyllys

F'Arglwydd, mae'n bryd symud ymlaen.
Felly, gwneler dy ewyllys.
O f'Arglwydd a'm Priod,
daeth yr awr y bûm yn ei hir ddisgwyl.
Mae'n bryd i ni gwrdd â'n gilydd.

Teresa o Avila

❖ Byddwch yn dirion

Byddwch yn dirion
gyda'r rhai sy'n wynebu galar.
Os mai ti yw,
bydd yn dirion ac annwyl
efo ti dy hun;

yn barod i faddau.
Cerdda'n hamddenol,
gan oedi'n aml.
Troediwch yn ysgafn
wrth gerdded mewn galar.

George MacDonald

❖ Bendithia fi â'th bresenoldeb

O Sanctaidd Grist,
bendithia fi â'th bresenoldeb
pan fyddo fy nyddiau'n flinedig a'm cyfeillion yn brin.
Bendithia fi â'th bresenoldeb
pan fyddo fy llawenydd yn gyflawn,
rhag ofn imi anghofio'r Rhoddwr yn y rhodd.
Bendithia fi â'th bresenoldeb pan ddof i'r diwedd.
Cynorthwya fi yn y tywyllwch i ddarganfod y rhyd.
Ac ar fy ymadawiad cysura fi â'th addewid lle bynnag y byddi di,
yno y bydd dy was.

Alistair Maclean

❖ Paham? Paham, O Dduw?

Fy Nuw,
paham y gadewaist i hyn ddigwydd?
Paham yr wyt ti wedi'n gadael ni?
Greawdwr – paham difodi?
Waredwr – paham dinistrio cyfanrwydd?
Darddle cariad – paham rhwygo ymaith
yr un a gerais gymaint?
Paham? Paham, O Dduw?

Yn y pwll hwn o dywyllwch,
sy wedi ei gafnu allan gan alar a sgrechian,

287

estynnaf allan at yr un a gerais
ac ni fedraf mo'i chyffwrdd.

Ble wyt ti, Dduw?
Ble wyt ti,
ond yma
yn fy nghlwyfau
sy hefyd yn glwyfau i ti?

O Dduw,
tra taflaf atat
fy ngwylltineb dolurus a'm chwerwder,
cydia ynof,

ac aros yma
nes i'r bonyn haciog hwn o 'mywyd
ddarganfod gwyrddni eto.

Angela Ashwin

❖ **Dyro i mi, O Dduw**

Dyro i mi, O Dduw,
farwolaeth yn olew heb bris;
Dyro i mi, O Dduw,
feddyg fy enaid wrth law;
Dyro i mi, O Dduw,
farwolaeth llawenydd a hedd.

Dyro i mi, O Dduw,
addef marwolaeth Crist;
Dyro i mi, O Dduw,
fyfyrio ar artaith Crist;
Dyro i mi, O Dduw,
gynhesu cariad Crist.

O, Dduw mawr y Nefoedd,
tyn f'enaid atat Ti,
fel y dygaf edifeirwch
gyda chalon gywir gref,
gyda chalon ysig ddrylliog,
na syflo, na phlygu, na gildio.

O, Dduw mawr yr angylion,
dwg fi i drigfan yr hedd;
O, Dduw mawr yr angylion,
cadw fi rhag yr ellyllon;
O, Dduw mawr yr angylion,
golch fi yn nhrochfa dy lif.

Carmina Gadelica

❖ Dos yn ddiogel

I ryddid y gwynt a'r heulwen, gadawn i ti fynd.
I ddawns y sêr a'r planedau, gadawn i ti fynd.
I gyffro'r gwynt ac i ehangder y bydysawd, gadawn i ti fynd.
Er ein bod yn dy garu,
Er ein bod yn mynd i dy golli,
Rydym yn gadael i ti fynd.
Dos yn ddiogel i ddwylo Duw y Creawdwr.

Ruth Burgess

❖ Gorffwys mewn hedd a chariad

I dywyllwch a chynhesrwydd y ddaear
y rhoddwn dy weddillion.
I dristwch a gwên ein hatgofion
y rhoddwn dy weddillion.
I gylch byw, y marw a'r atgyfodiad
y rhoddwn dy weddillion.
Gorffwys mewn hedd a chariad,
Dos ar dy daith i ddwylo Duw.

Ruth Burgess

❖ Dy dangnefedd

Caniatâ i ni, O Dduw,
dy dangnefedd
sy tu hwnt i ddealltwriaeth,
fel y cawn ymhlith stormydd bywyd
orffwys ynot ti,
gan wybod ein bod
dan dy ofal
wedi'n rheoli gan dy ewyllys,
wedi'n gwarchod gan dy gariad;
fel y gallom wynebu trafferthion
a themtasiynau â chalon dawel;
trwy Iesu Grist ein Harglwydd.

Yn Meddwl Amdanoch

❖ Tawela fy enaid

Tawela fy nghalon gythryblus, rho i mi dangnefedd.
O Arglwydd, tawela donnau'r galon hon,
tawela'i thymhestloedd!
Tawela dy hun, O f'enaid, fel bod y duwiol
yn gallu gweithredu ynot!
Tawela dy hun, O f'enaid, fel bod Duw'n gallu ymddiried ynot,
er mwyn bod ei dangnefedd yn gallu dy guddio!

Yn Meddwl Amdanoch

Ffynonellau

Cyfrolau Cymraeg

Allchin, A. M., ac Esther De Waal (goln), *Ar Drothwy Goleuni,* Cymdeithas Lyfrau Ceredigion Gyf., (Aberystwyth 1992)

ap Nefydd Roberts, E., *Gweddïau Ymatebol a Chynulleidfaol,* Cyhoeddiadau'r Gair, (Bangor 2000)

Bowen, G. (gol.), *Y Gwareiddiad Celtaidd,* Gwasg Gomer, (Llandysul 1987)

Dafydd, E a G., *Gweddïau'r Pedwar Tymor 2,* Cyhoeddiadau'r Gair, (Chwilog 2007)

Davies, A., (gol.) *Gweddïau Cyhoeddus,* Cyhoeddiadau'r Gair, (Bangor 2005)

Davies, Cynthia Saunders, (gol.), *Gweddïau Enwog,* Cyhoeddiadau'r Gair, (Bangor 1993)

Ellis, T. E., a J. H. Davies, *Gweithiau Morgan Llwyd* Cyfrol 1, Jarvis a Foster, (Bangor 1899)

Haycock, M., *Blodeugerdd Barddas o Ganu Crefyddol Cynnar,* Cyhoeddiadau Barddas, (Llandybïe 1994)

Hughes, H. J., *Dyrchafu'r Duw Byw,* Cyhoeddiadau'r Gair, (Chwilog 2008)

Hughes, H. J., (gol.) *Yn Meddwl Amdanoch,* Cyhoeddiadau'r Gair, (Chwilog 2013)

Hughes, H. J., *Defosiwn Gŵyl y Cynhaeaf,* Cyhoeddiadau'r Gair, (Chwilog 2013)

Johansen-Berg, John, *Gweddïau'r Pererin,* addasiad Cymraeg Glyn Tudwal Jones, Cyhoeddiadau'r Gair, (Bangor 1996)

Jones, P. Ll., *Ffiniau ac Arfordir Ffydd,* Y Lolfa, (Talybont 2014)

Llyfr Gweddi Gyffredin, (Rhydychen 1926)

Morgan, E., (gol.) *Cyfoeth o'i Drysor,* Cyhoeddiadau'r Eglwys yng Nghymru, (Caerdydd 1992)

Mullins, D. J., *Seintiau Cynnar Cymru,* Llyfrau Llafar Gwlad (51), Gwasg Carreg Gwalch, (Llanrwst 2002)

Thomas, G., *Duwiau'r Celtiaid,* Llyfrau Llafar Gwlad (24), Gwasg Carreg Gwalch, (Llanrwst 1992)

Cyfrolau Saesneg

Adam, D., *The Edge of Glory,* SPCK, (London 1985)

Adam, D., *Tides and Seasons,* SPCK, (London 1989)

Adam, D., *The Open Gate,* Triangle/SPCK, (London 1994)

Adam, D., *The Rhythm of Life,* SPCK, (London 1996)

Adam, D., *A Time to Pray,* Lion Publishing, (Oxford 1997)

Adam, D., *A Celtic Psaltery,* SPCK, (London 2001)

Allchin, A. M., *Celtic Christianity, fact or fantasy?* Bangor University College of North Wales, (Bangor 1993)

Allchin, A. M., *God's Presence Makes the World: The Celtic vision through the Centuries in Wales,* Darton, Longman and Todd, (London 1997)

Allchin, A. M., *Resurrection's Children,* Canterbury Press, (Norwich 1998)

Batchelor, M, (comp.), *The Lion Prayer Collection,* Lion Publishing, (Oxford 1996)

Book of Common Order [of the Church of Scotland], The Saint Andrew Press, (Edinburgh 1994)

Bradley, I., *The Celtic Way,* Darton, Longman and Todd, (London 2003)

Carmichael, A., *Carmina Gadelica,* Floris Books, (Edinburgh 2001)

Celtic Night Prayer, Harper Collins Publishers, (London 1996)

Celtic Daily Prayer, Collins, (London 2005)

Denham, J., *Circle of Prayer,* Lion Publishing, (Oxford 2003)

De Waal, E., *The Celtic Way of Prayer,* Canterbury Press, (Norwich 2003)

Earth Afire with God, Anamchara Books, (New York 2011)

Ferguson, R., *Chasing the Wild Goose,* Wild Goose Publications, (Glasgow 1988)

Iona Abbey Worship Book, The Iona Community, Wild Goose Publications, (Glasgow 2002)

Jones, K., *Who are the Celtic Saints?* Canterbury Press, (Norwich 2002)

Joyce, T., *Celtic Christianity,* Orbis Books, (New York 1998)

Mackey, J. P., *An Introduction to Celtic Christianity,* T+T Clark, (Edinburgh 1989)

MacLeod, G. F., *The Whole Earth Shall Cry Glory,* Wild Goose Publications, (Iona 1985)

Mathews, C., *The Way of the Celtic Tradition,* (Element 1989)

Meek, D. E., *The Quest for Celtic Christianity,* The Handsel Press, (Edinburgh 2000)

Millar, P. W., *An Iona Prayer Book,* Canterbury Press, (Norwich 2006)

Mitton, M., *Restoring the Woven Cord,* Darton, Longman and Todd, (London 1995)

Newell, J. P., *Listening for the Heartbeat of God,* SPCK, (London 1997)

Newell, J. P., *The Book of Creation,* Canterbury Press, (Norwich 1999)

Paynter, N (ed.), *This is the Day: Readings and Meditations from the Iona Community,* Wild Goose Publications, (Glasgow 2002)

Pritchard, J., *The Intercessions Handbook,* SPCK, (London 1997)

Raine, A., and J. T. Skinner, *Celtic Daily Prayer,* Harper Collins Publishers, (Hammersmith 1994)

Robinson, M., *Rediscovering the Celts,* Harper Collins Publishers, (London 2000)

Simpson, R., *A Holy Island Prayer Book,* Canterbury Press, (Norwich 2002)

Simpson, R., *Celtic Daily Light,* Kevin Mayhew Ltd, (Stowmarket 2003)

Stancliffe, D., *The Pilgrim Prayerbook,* Continuum, (London 2003)

Thomas, P., *Celtic Earth, Celtic Heaven,* Gwasg Gomer, (Llandysul 2003)

Toulson, S., *The Celtic Year,* Element Books, (Dorset 1996)

Turnbull, E., *Prayers for All Seasons Year B,* Woodlake, (Canada 1992)

Ward, T., *The Celtic Wheel of the Year,* O Books, (Winchester 2007)

Wee Worship Book, A, Wild Goose Worship Group, Wild Goose Publications, (Glasgow 1999)